案中暗

清末民初诈骗纪实

陶羽佳·著

华夏出版社
HUAXIA PUBLISHING HOUSE

图书在版编目(CIP)数据

案中暗：清末民初诈骗纪实 / 陶羽佳编著. –北京：华夏出版社，2012.1
（暮色王朝）
ISBN 978–7–5080–6630–1

Ⅰ.①案… Ⅱ.①陶… Ⅲ.①故事–作品集–中国–当代 Ⅳ.① I247.8

中国版本图书馆 CIP 数据核字 (2011) 第 200691 号

案中暗：清末民初诈骗纪实

编　　著：陶羽佳
策　　划：景　立　浩典图书
责任编辑：赵　楠　刘晓冰　李春燕
责任印制：刘　洋
装帧设计：浩典工作室
出版发行：华夏出版社
社　　址：北京市东直门外香河园北里 4 号
邮政编码：100028
经　　销：新华书店
印　　刷：北京睿特印刷厂大兴一分厂
装　　订：北京睿特印刷厂大兴一分厂
开　　本：720 × 1030mm　1/16
印　　张：18.75 印张
字　　数：315 千字
版　　次：2012 年 1 月北京第 1 版
印　　次：2012 年 1 月北京第 1 次印刷
书　　号：ISBN 978–7–5080–6630–1
定　　价：35.00 元

也许，随着人类的出现，骗术就产生了，并且如影随行，成为人类挥之不去的"梦魇"。从原始蛮荒到现代文明，从占卜巫术到高新科技，骗术可谓是不断翻新；从达官贵人到平民百姓，从三岁顽童到耄耋老人，骗子可谓是层出不穷。

大千世界，光怪陆离；芸芸众生，良莠不齐。形形色色的骗子你方唱罢我登场。抑或是口蜜腹剑，抑或是请君入瓮；有些是偷偷摸摸，有些是堂而皇之；一会儿是明修栈道、暗度陈仓，一会儿是调虎离山、声东击西；也可能是姜太公钓鱼，愿者上钩。真真假假，虚虚实实，着实是让人防不胜防。

骗徒的无良与狡诈固然要受到谴责，但是，如果能够增加自身的防范意识、提高防骗能力，那么我们就能够有效降低被骗徒伎俩所蒙蔽的风险。尽管骗术手段不断改变，花样不断翻新，但是其基本套路仍然没有改变。

骗人之心不可有，防骗之心不可无。本书以清末民初的江湖骗术为蓝本，把常见的骗术套路进行了整理分类，将诈骗手段分为谋财害命篇、色胆包天篇、巧取豪夺篇、恶僧妖道篇、愿者上钩篇和防不胜防篇。管中窥豹，见微知著。不论你是单纯的学生，还是繁忙的商人，通过阅读本书，都可以了解基本的骗术套路，这对于提高警惕、远离欺骗，是非常有意义的。

生活中充满了欺骗，就如同充满了善良和美好一样。每个人都有受骗的危险，但是，被骗一次并不可怕，可怕的是重蹈覆辙、屡屡被骗。希望本书能够借你一双慧眼，帮你识破骗子的伎俩，使骗徒在你面前原形毕露，再也施展不了骗人的把戏。

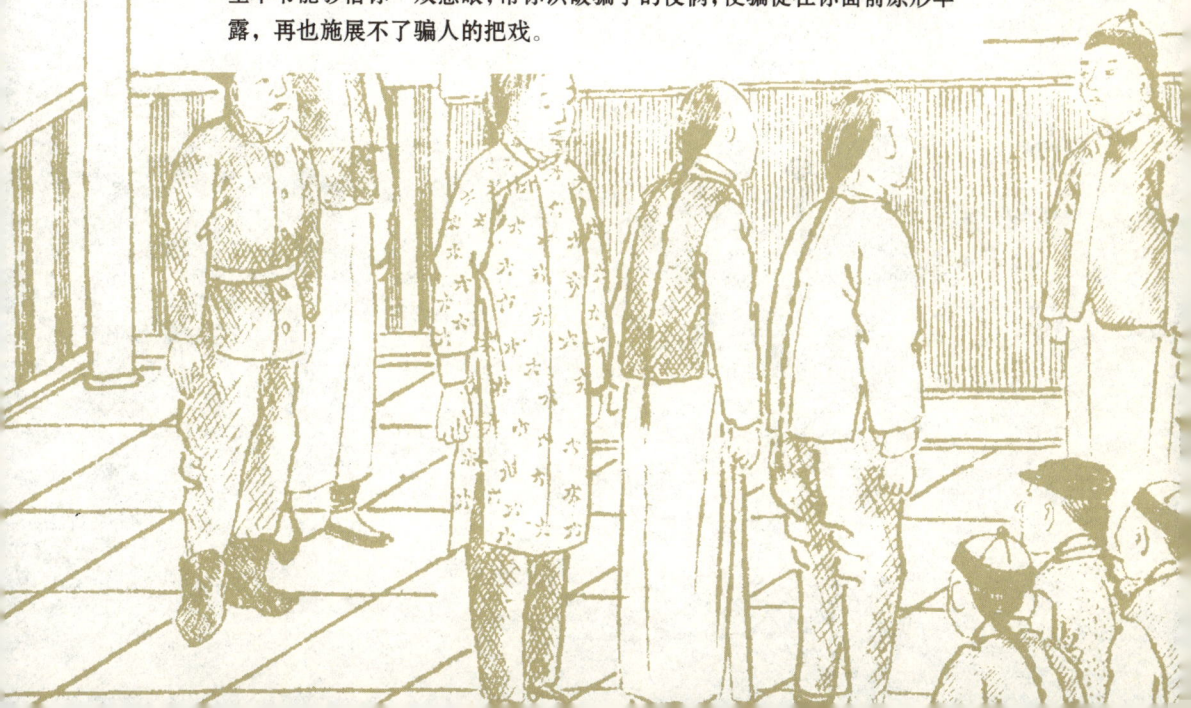

目录

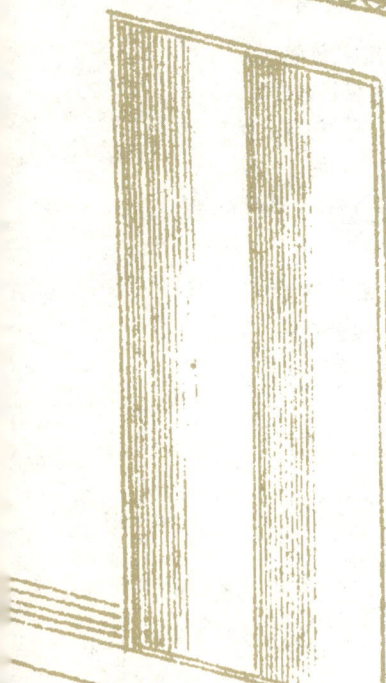

君子可以欺之以方，然诡诈之计可一而不可再。

故天下之诈，莫不趁良善之不备。试问心怀坦荡，胡可欺耶？

第一章 谋财害命篇

◉ 清酒红人面 财帛动人心

为了谋得利益，获得金银财宝，有很多亡命之徒不惜铤而走险，甚至可以出卖自己的亲人朋友。谋财害命是骗术中最令人恐惧和不齿的一种。骗术之为骗术，最重要的是骗子利用的是他们的"智慧"，所以有的时候高明的骗术还会得到人们的一丝尊敬。但是，把骗术和谋财害命结合起来，使得受害者的财产生命及人身自由受到侵害，这是极其为人所不齿和痛恨的。虽然匪徒实施的骗术通常都经过周密的布置，但是只要我们平时多加观察，碰到事情时头脑冷静，就能够发现其中的破绽。并且，对于一些手段毒辣、强硬的匪徒，我们不能一味地用武力反抗，还要用智慧同他们斗争。同时还要切记的一点是，钱财乃身外之物，生命最可宝贵，无论遇到什么样的情况，生命是第一需要保护的。

第一节 ◎盗劫骗——防人之心不可无

抢劫和偷盗的行为都使人感到恐惧，但是有的强盗和小偷还会把骗术应用到他们的犯罪中去，使得这样的犯罪更加令人防不胜防。

先来说说盗骗。盗也分为两种，一种是纯技术型的，全凭手上的偷窃技巧，还有一种是需要许多骗术相辅助的。还有一种叫对买术，是指以卖东西为幌子趁机行窃。他们的目标主要是药行、珠宝店等店铺。

总的介绍过骗子们的手法之后，让我们看看几个小故事，再来体会这些骗术，从中汲取一些经验教训。

3

更夫被骗

　　半夜登堂入室的小偷并不少见，明火执仗的强盗也是老生常谈。但是还有更聪明的小偷，他们施个小诡计，就可以大摇大摆地进别人家里搬东西，且让我们来看看这些人是怎么骗过别人的。

　　杭州城内有个大户人家办喜事，一连请了三天三夜的客。到了第四天晚上，这家的主仆都累得不行，早早就睡熟了，整个宅子竟然没有一个人看守。

　　有十多个强盗早就在观察着这户人家，一看他们请完客关上了大门，院内变得非常安静后，强盗们就知道机会来了。他们先是撬开后门进入宅子，然后把值钱的东西和家具搜刮一空。但是，要怎么把东西运出去呢？外面就是大街，巡夜的更夫不停地走动。尽管更夫只有一个人，但是万一他大声叫嚷把邻居们都吵醒的话，那么他们的罪行就会暴露了。另外，由于他们想要拿走的东西太多，不可能悄悄离开。正在强盗们束手无策的时候，其中一个比较聪明的想出了一个好办法，他让大家把大

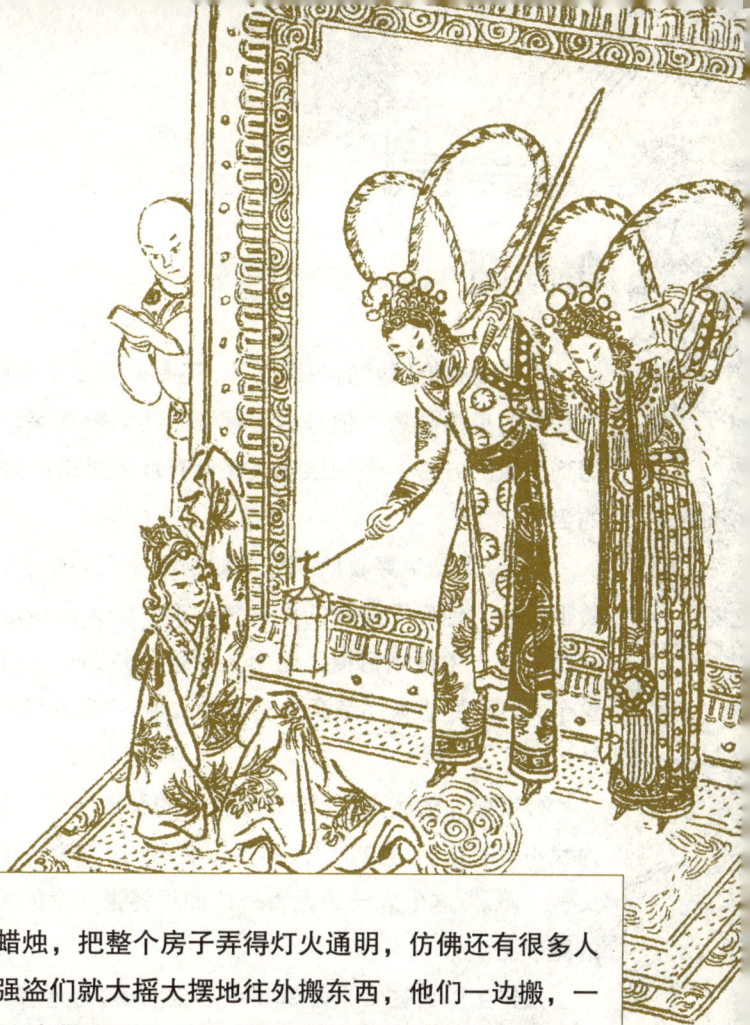

门打开，在各处点起蜡烛，把整个房子弄得灯火通明，仿佛还有很多人在活动的样子。然后强盗们就大摇大摆地往外搬东西，他们一边搬，一边还抱怨说："主人也实在是太抠门了，深更半夜的就让我们把借来的家具还回去，还不是想省几个钱。"巡逻的更夫听到他们这么说，以为他们是这家的仆人，对他们的行为也就不干涉了，甚至还好心地帮了他们一些忙。第二天早上，这户人家发现失窃了，叫嚷起来，更夫才知道自己昨夜受了骗。

更夫被骗造成了一户人家的极大损失，他自己也一定会深感不安。在现代社会，他所犯的错误就该被叫做工作失职了吧。在现实生活中，我们也常常遇到这样的例子，有的人看到邻居家有陌生人在进进出出搬东西，以为不过是在搬家而已，并不在意，等到邻居回家以后才明白刚才看到的是小偷。现代社会人情淡薄，可能同住一幢公寓楼的人互相之间都不认识，而这给了骗子强盗们更大的作案空间。所以，人们在平时的生活中应该加深了解，对待邻居不能太过冷漠，这样于人于己都会有好处。

骗新靴

　　除了精心策划好的犯罪之外，还有很多骗子可能事先根本没有准备，而是临时见财起意。但是这些骗子的功力很高深，在短短的时间里就能想到骗人的方法，恐怕很多人还没有反应过来的时候，就已经上了他们的当了。

　　一天，张先生穿着前几天媳妇刚给他买的靴子在街上溜达，新靴子穿着很舒服，他心里美美的。突然，有一个人向他走来，握住他的手跟他寒暄。张先生仔细打量了这个人一番，并回忆了好久，他确定他不认识这个人。于是他满怀谦意地对那个人说："先生您恐怕认错人了吧，我不认识您啊。"

　　哪知那人勃然大怒，指着张先生的鼻子骂道："你不要狗眼看人低，因为我不是有钱有地位的人，你就假装不认识我这个朋友，你这个人也太没义气了吧。"这个人一边说着一边伸手将张先生的帽子掀掉，扔在了街边的屋顶上。

　　张先生以为这个人喝醉了正在耍酒疯，心想多一事不如少一事，就没有过多的责备他，他想此事就这样罢了，但那个人却对他不依不饶，围观的人越来越多。

　　这时，从人群中走出一个人，他对还在骂骂咧咧的那个人好说歹说了一顿之后，终于把那人劝开了。他又转身对张先生说："这个人喝醉了，先生您不要见怪，您的帽子还在屋顶上呢，我看您还是先把帽子拿回来吧。"

　　张先生恍然大悟，他差点把这件事给忘了，自己的帽子还在屋顶上呢。然而当他环顾四周之后，他有点犯难了，因为这里根本没有梯子，没有梯子他又如何上到屋顶去拿帽子呢。

　　这时，劝架的这个人又对张先生说："我这个人啊，最爱帮助人啦，您看这屋顶也不高，不如您踩着我的肩膀爬上去吧。但是我穿的衣服是新的，虽然您的靴子也是新的，但毕竟也踩过地，要不您把靴子脱了吧。"张先生想了想也在理，这个人一直在热心帮助自己，再把人家的衣服弄

脏就不太好了。于是他就把新靴子脱了下来，交给这个人保管。

　　张先生踩到了这个人的肩膀上，费了好半天力气才爬上屋顶。他刚一爬上屋顶，下面那个人大笑一声就把靴子拿走了。张先生一时不知所以，一种不祥的预感油然而生。他多么希望这一切不是真的，于是他努力在人群中寻找刚才与他打招呼的那个人，想证明什么。令他失望的是，那个人也已经没了踪影。原来这两个人是一伙的，他们设了一个圈套来骗张先生的新靴子。

　　靴子可能值不了多少钱，但是这个骗局的妙处在于两个骗子看到张先生穿了新靴子以后马上就想出了这么一出戏来骗人，又能够一环扣一环演下去，也真算是骗子老手啦。

8

购铁牛受骗

　　人是有很多弱点的。很多人都克制不了自己对于金钱的渴望，更糟的是，有些人相信除了自己勤奋努力之外还有更加方便快捷的发财门路。我们不能说世界上不存在免费的午餐，但是对于大多数抱着这种想法的人来说，最后的结局往往是上当受骗。

　　一天，有个道士用车装着一头铁牛在一个富人家门前叫卖，说是铁牛能够拉金子。富人觉得很好奇，就让他把铁牛拉到家里来试试看。道士让富人把铁牛放在一间密室里，吩咐说谁也不准偷看，否则就会失灵。第二天早上，铁牛的屁股后面的地上果然掉了几个金瓜子。几个金瓜子虽然值不了多少钱，可是积少成多的道理富人还是懂的。他以为找到了生财之道，于是花重金买下了这头铁牛，打算当成自己的摇钱树。但是这个富人毕竟在生意场上打滚多年，不是那么容易相信别人的。他找了个借口留道士在自己家里多住两天，心想如果铁牛拉金子只是道士的骗术的话，那么他应该很快就会被戳穿的。没想到道士不仅没有推辞，反而高高兴兴地在他家住了下来。之后一个月，铁牛每天都会下几块金子，富人渐渐地就放心了，就让道士走了。之后铁牛还是正常"工作"，一直持续了几个月，富人简直都要把它当成传家之宝了。然而，某一天清晨，富人去检查铁牛的时候，发现它的屁股后面什么东西都没有。富人正在纳闷的时候，仆人又来报告说家里的一个丫鬟昨天晚上逃跑了。又过了几天，铁牛始终没有再拉金子，富人慢慢把前因后果想了一遍，才明白其中的奥秘。原来道士买通了那个逃走的丫环，让她每天在铁牛身旁放金瓜子，这样，那头铁牛才能每天"拉"出金瓜子来。尽管需要准备金瓜子，但是和富人买铁牛的钱相比，还是小巫见大巫啊。

　　这个故事里的骗子道士和丫鬟互相配合，才让富人上了当。试想，如果富人一开始就不相信铁牛能下金子，或者是在铁牛下金子的时候好好观察，看看家里有没有异常的人或事，那就不会白白损失一大笔钱了。

假冒老板被识破

　　还有一类骗子，他们冒名顶替，堂而皇之地偷抢，可谓胆大包天！但他们的行为实在也够危险，一旦被戳穿，下场就惨啦！

　　八月初九，有甲乙两个人兴冲冲地走进常州永丰恒庄钱庄，他们从袖子里拿出镇江裕长润的汇票两千元，说想要兑换成现金。钱庄的马老板看到他们是大客户，当然非常殷勤。出于礼貌，马老板让伙计安顿甲乙两人，还盛情款待他们。由于马老板一时之间凑不到那么多的现钱，需要临时从别的钱庄调过来，所以当晚甲乙二人被留住在钱庄。半夜，他们趁店里人熟睡之际，翻箱倒柜地找现金，偷了不少银子。第二天，马老板和他们闲聊了几句，又问了问他们镇江裕长润的经营状况，在交谈之间，甲乙露出了破绽。另外，很明显的一点是，他们的包裹莫名其妙地鼓了很多。机灵的老板没有当场戳穿他们，而是暗中派人赶到镇江询问。不久来人汇报，说甲乙二人是冒牌货，镇江那边根本不用汇票。马老板立刻唤来巡士抓住甲乙二人，将其扭送到阳邑查办。听说这事件的人都感叹马老板的聪明机警。

　　甲乙二人心里应该很清楚，他们导演的骗局迟早会被捅破，而偷盗的行为一旦露馅儿，等待他们的只有牢狱。这个诈骗案给我们的启示是：做生意时必须格外谨慎，看好自己的钱包才是最重要的。

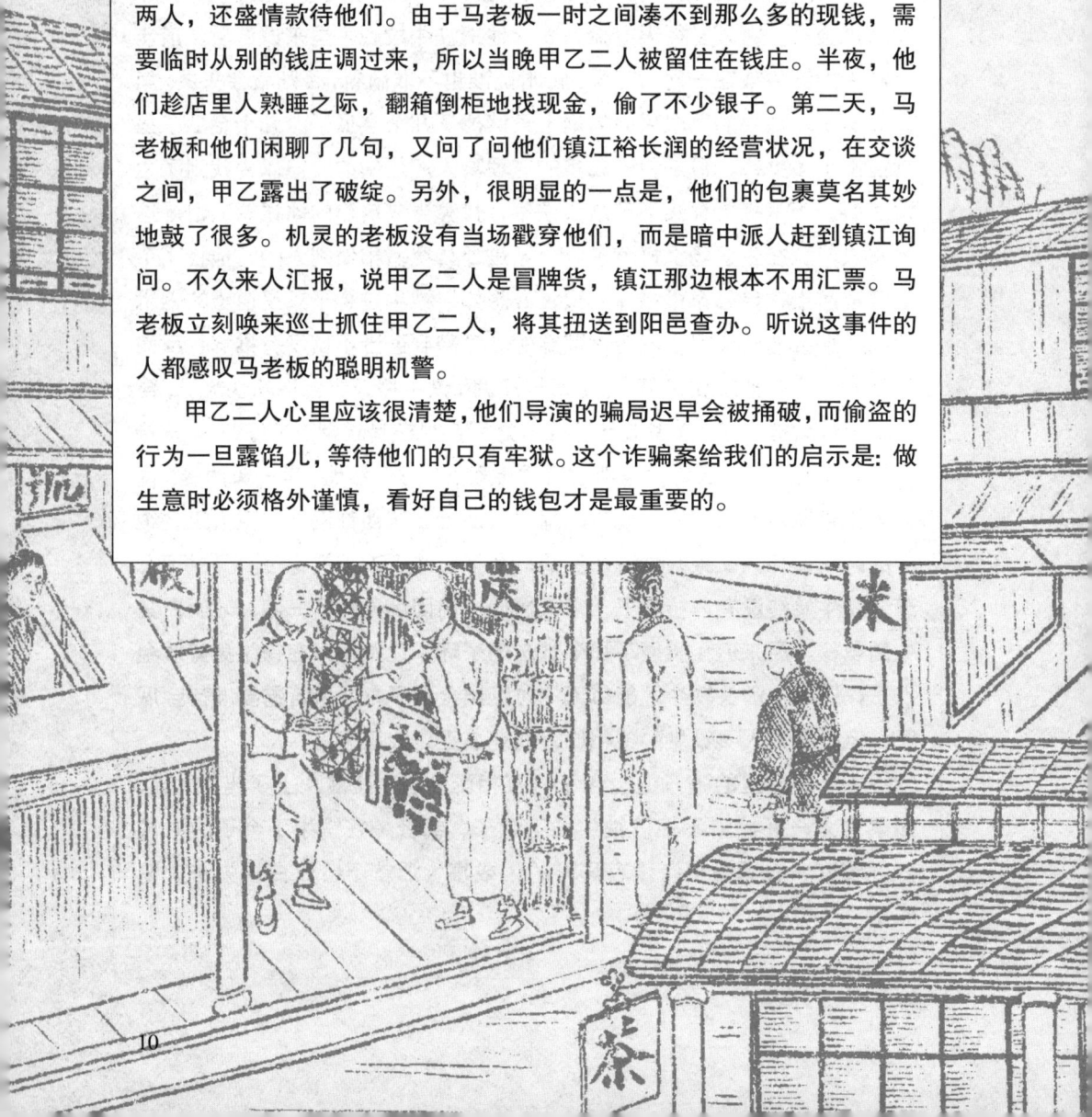

马夫为盗

　　旧社会等级森严，就连犯罪，似乎也是不同职业的人各有分工。也难怪当某些职业的人犯了不应该犯的罪时，竟然能够成为社会新闻。

　　飞划营（类似巡捕房的机构）的沈哨升以前住在城南校场口，他的工作是缉捕案犯。一次，沈哨升听说有个人名叫杜阿荣，绰号酒鬼，是个马夫，他和浦东某户人家被盗一案有很大的牵连，于是沈哨升就带了几个手下到马棚把酒鬼阿荣抓了回去。他们一行人走到浦东至浦西的摆渡码头时，杜阿荣忽然高声喊救命，附近的巡警听到以后过来查问出了什么事。尽管沈哨升一再解释说是办案，但巡警还是把他们所有人一起送到了城南的警察局。后来，还是沈哨升的长官亲自去把他们保了出来。至于酒鬼阿荣的下场，那自然是受到了法律的严惩。这则新闻当时还上了报纸的社会新闻呢。上海的马夫常常会和妓女有所牵连，但是偷盗这一类的事情很少听说，没想到酒鬼阿荣竟然开了个抢劫的先例。

第二节◎强抢骗——人恶人怕天不怕

强抢是骗局中比较无耻的一种，因为他们不仅仅靠的是骗子的『智慧』，还依靠武力以强欺弱，达到谋夺钱财的目的。对于这些骗子，不仅要识破他们的诡计，还要有和他们斗一斗的勇气才行。

人们理直气壮或者是义正词严的时候，先打退堂鼓的往往是坏人。中国人讲究中庸之道，无论是家庭生活还是社会交往都讲究一个『忍』字，但是恰恰是这个忍字，害苦了多少人！对于不应该忍的事情，我们就应该把原则讲到底才行。

吃白食

　　吃白食是很多无赖会干的一件事，下面我们就来看一个活生生的例子。

　　杭州城内望仙桥有家三阳楼面馆。一天，有四个无赖走进这家面馆，说是要吃顿好的。店里的伙计知道他们来者不善，特别小心谨慎地伺候他们。他们点了一桌子的好酒好菜，大吃大喝起来。四个人从中午一直吃到晚饭时分，后来又把伙计叫来问店里有没有水果供应。伙计知道他们是要故意找茬，忙回答说有。但是这些人一口咬定说面馆里的水果一定不是新鲜的，其中一个人就站起身来说是出去买水果。

过了一会儿，又有一个人借口上厕所走了出去。又过了一会儿，一个人装作有急事的样子也溜了。最后剩下的那个人镇定地坐在桌边好一会儿，才不慌不忙地站起身来要走。店伙计连忙拉住他要他付账，他振振有词地说："这顿饭是四个人吃的，为什么要我一个人来付账。"伙计没办法，就让他把自己的那一份付了，他说："先记在我账上。"说完就大摇大摆地走了。店伙计不敢和他争执，只好眼睁睁地看着他走出了面馆。

这伙无赖的招数并不高超，但是因为面馆的伙计不敢招惹他们，只好由着他们为非作歹了。这也是我们不得不面对的一个现实：当和这样的坏人无法正面对抗的时候，只好听之任之了。

假委员收酒税

　　税收是国家收入的重要来源，但是在一些天高皇帝远的地方，税款的收入被一些无赖把持，百姓只好白白交给他们钱。而更加过分的是，有些无赖和官员还会勾结起来欺压百姓。

　　吉林省城东南寿延吉等地常常有匪徒出没。有一个叫王海亭的人带着一伙手下假冒酒税委员向各家卖酒的小店征收酒税，但他们收了税以后并不开收据。如果有谁敢多问一句的话，他们就拳脚相向。最近省里派了真的酒税委员去那里收税，王海亭不仅不跑，反而特地去和这个委员交际，表示愿意帮忙收税，并说可以对付当地比较顽固的酒店。真委员不明情况，竟然相信了他。于是王海亭在当地更加作威作福，为非作歹了。

　　这个故事讲的是收酒税，其实其他的税款又何尝不会发生这种情况呢？虽然是以前发生的故事，但是放在今天，还是很有警示意义的。

稳坐岸上骗行李

　　骗子们行骗的方法非常多，而且往往更容易对形单影只的人下手，尤其是那些出门在外身边没有帮手的人，更是要小心谨慎。

　　有个秀才坐船到省城赶考。船靠岸以后，约定在岸边接他的人没有来，他就坐在自己的行李上休息。这时，有个秀才模样的人走过来向他作揖，问他："兄台从哪里来？"秀才忙站起来回拜。两人寒暄了一番，却发现互相不认识。这个人说："不好意思，我把兄台当成自己的熟人了。"说完就走了。秀才觉得莫名其妙，便转身想坐回自己的行李上，却一下子坐到了地上。他这才知道行李已经被人拿走了，再回头找那个人，哪里还有他的踪影！

　　这个故事里的骗子和同伙只是耍了一个小把戏，但是秀才单身出门又经验不足，还是被骗了。所以出门在外，一定要多留个心眼，随时照看好自己的随身物品，才不会被小偷钻空子。

骗貂褂

　　两个骗子组合作案的案件非常多，两个人一个吸引被骗人的注意力，另一个趁机下手的故事屡见不鲜，只不过作案手法有所不同。接下来我们要讲的这个故事里的骗子，选择的是强抢，但是为了防止被抓，他还安排了同伙阻挡被害人。

　　一天，一个衣着、打扮、谈吐都很高雅的公子哥儿走进上海的一家服装店，说要选购一套貂皮马褂。店里的伙计殷勤地为他试衣服。这个公子挑了半天，终于选中了一套很昂贵的马褂。他把马褂穿好之后，忽然直奔门口而去。伙计马上反应过来，就追了过去。哪知道刚追到店门外，一个端着玻璃器皿的人迎面撞来，器皿碎了一地，这个人拉着伙计劈头盖脸地骂开了。等到伙计挣脱开这个人，那个骗衣服的人早已经不见踪影了，而那个拿器皿的人也不见了。

　　用一套器皿换一套昂贵的貂皮马褂，这笔买卖当然划算。对于这样的骗子，看来服装店也没有办法防范啊。

骗匪拐车未遂

　　天下之大，无奇不有。金银财宝有人骗，坐着客人的黄包车也会有人想趁机拉走。现在就让我们来看看接下来这个故事讲的是什么。

　　东城区菜场胡同薛记车行的车夫毕祥儿，一天下午拉了客人徐雅卿到前门去。走到天安门时，毕祥儿尿急，就把车停在路边，自己去找茅厕解决。这时，忽然有个大汉从胡同里蹿出来，看也不看徐雅卿，一声不响拉起毕祥儿的车就走，徐雅卿在车里坐着，吓得大声叫喊起来。路上的人听到叫声纷纷驻足观看，路边的巡警也注意到了。大汉一看架势不对，只好把车丢下跑了。洋车倒在地上，徐雅卿被摔伤，车也损坏了很多处。这些损失只好由毕祥儿来负责了，毕祥儿算是倒了个大霉。

　　本故事中的大汉应该是临时起意才要骗黄包车的，只是他有勇无谋，最终没有成功。不过社会治安混乱到了这种程度，也实在令人深思啊。

冒充老板骗钱财

　　骗子并不一定直接骗钱，有的时候他们会设好圈套间接地从受害人手里骗东西。而这种骗局尤以卖东西最为典型。下面我们就来看一个这样的故事。

　　有个人没有工作，每天只是在茶馆里面闲坐着。一天，有个常常在茶馆遇见的人和他打招呼，并且问他愿不愿做一份工作。这个人正愁没有钱，于是一口答应。于是这个人把他介绍给附近一家店铺的老板。那个老板自称刚刚到本地开店，还有很多东西没有准备，特别是缺少一辆马车。这个人于是带着老板到马车行里买马车。等他们挑好了一辆很贵的马车和两匹好马后，老板借口现金全都拿去进货了，让这个人帮忙垫一些钱。这个人急于讨好老板，当然一口答应。然后，老板让他驾着马车，自己坐在他旁边，两个人回店里去。半路上，老板说自己有急事让这个人抄小路走。这个人于是进了小胡同，哪知道老板看附近没人，一把把这个人推了下去，自己驾着马车一溜烟走了。这个人忍着痛追到那家店里去，却发现那家店已经关门大吉了。后来，马车行向这个人索要马车钱，他只好四处借了钱去还。

　　故事中的受害人只是听了茶馆中认识的人的介绍，就把骗子当成大老板，后来又替他付钱买了马车，实在是太不小心了。

骗舟中行李

　　有的时候可能上当受骗了自己还不知道，这是因为骗子们的行骗速度太快，让人来不及反应。

　　一天，一个有钱人家的公子要去远方拜访亲戚，与他同行的是他的仆人。由于此行需要十几天，因此他除了带了好多送给亲戚的礼品外，还携带了一些换洗的衣服。因为去亲戚家必须走水路，所以主仆二人就在河边找了一条船，然后上路了。这一路上还挺顺利，天气一直很好，风和日丽的。天气好了，人的心情也非常好，主仆二人一路上说说笑笑的，时间倒也过得快。

　　三天后，他们到达了目的地。船靠岸后，主仆二人就打算收拾行李上岸，但他们看着这堆行李，不禁犯了难。这么多东西如何才能搬到亲戚家去呢？就算能搬，搬到那不累死才怪。于是这位公子对他的仆人说："我先到亲戚家中去，你把行李收拾好就待在船里，我等会儿叫人来帮你拿。"仆人说："好的，您尽管放心走吧，我一会儿和他们一起把行李搬回去就是啦。"

　　公子到了亲戚家，亲戚们都非常热情，寒暄了一会儿之后，公子对亲戚说他的行李还在船上，希望能找几个人去帮他拿，亲戚于是找了几个家仆去岸边接行李。再道这位公子的仆人，他收拾好行李之后，闲来无事就守着行李坐在船头，一边欣赏着这个小镇的风景，一边等待公子叫人来搬行李。

　　这时，从岸边走来一个背着竹箩的人，竹箩里放的全是米，他应该是到岸边来淘米的。他看到这个仆人坐在船头就跳上船来说："你要小心啊。昨天也有个人这么坐着，突然有个贼就这样跳上船来，一把拿起行李跳上岸跑了。"他一边说一边还背起行李跳上岸，好像在演示的样子，然后他竟然背着行李就这样跑掉了。仆人开头还在哈哈大笑，等到那人跑远了，他才猛然醒悟，这时再去追已经来不及了。

　　这个仆人也是一个不机灵的人，他上当受骗还以为是看戏，弄丢了主人家的行李，不知道后来受到什么样的惩罚呢。

银肆受骗

　　有时候好心帮人反而会上当受骗。这并不是说不要帮助别人，只是说防人之心不可无，不要让坏人利用了自己的好心。

　　打造金银的店里，柜台上通常放着一盏灯，好方便伙计在打造首饰的时候看清楚细小的花样。

　　一天，有个人好像很痛苦的样子走进一家银店，他央求伙计说："我的痔疮发作了，痛得不得了。刚才有个好心人给了我一贴膏药，你能不能把灯借给我用用，我把膏药贴上。"伙计好心地把灯递给他。那个人借着灯光把膏药撕开，但是他并不往自己的屁股上贴，而是出其不意地贴在了伙计嘴上，然后把柜台上的贵重首饰拿了就跑，等到伙计把膏药撕下来大声呼救的时候，那个人已经走远了。

　　这个骗子的手法分为三段，一是借灯削弱伙计的警戒心，二是把膏药贴在伙计的嘴上阻止他呼救，最后是抢了东西就跑。这样的骗术放在现在的话，也是常见的抢劫手法啊。

第三节 ◎ 谋财骗——饿虎难斗肚里蛇

人为财死，鸟为食亡。虽然话是这么说，但是发财应该走正道，不管是因为想要发财而上当受骗，还是因为想发财而去欺骗别人，都是值得批评的。

清末，外国列强侵略中国，这给我国政治经济造成了很大的破坏，但也带进来一些先进的思想和规范。但是有些很愚昧的百姓利用这些先进的规范来欺骗外国人，达到自己发财的目的。这样做不仅败坏了中国人的名声，对自己也没有什么好处。

联系现实来说，现在各种新事物都在源源不断地从外国传进来，有的人就借此机会，要么欺骗不了解中国国情的老外，要么欺骗还没有接受到外国新鲜事物的中国人。这两种行为都是极其恶劣的，我们如果在生活中碰到的话，一定要义正词严地加以指责。

谬称眼瞎敲诈老板

　　按照外国的惯例，凡是在主人家受伤的仆人都必须由主人负责治疗和照顾。有一个铁匠在一个德国人开的工厂工作，某天打铁时弄伤了眼睛，德国老板送他去医院治疗，又花钱雇人照顾他。这个铁匠舒舒服服地过了十来天，眼睛早已全都好了。可是他觉得不狠狠敲这个外国人一笔对不起自己，于是继续装病，对医生说自己的左眼看不见。德国老板找了很多医生来给他会诊，都发现不了问题。最后德国人也产生了怀疑，便求助于一个有名的医生。这个医生让铁匠戴上一副眼镜，左眼镜片是白色的，右眼镜片是红色的。他让铁匠看写在黑板上的绿色的字，问他写了什么。铁匠顺利地说出了黑板上的字。医生一听就大笑起来，说："你的眼睛好得很啊，不需要再看医生了。"原来黑板上写的绿字隔着红色的镜片是根本看不清楚的，只能靠着左眼来看，所以他的左眼并没有问题。

　　虽然铁匠按照无赖思维想要一直欺诈他的老板，但最后还是被科学击败了。

掘宝受骗

　　中国古代有很多关于宝藏的传说，也有很多人坚信某些地方的地下埋藏着古人留下的财宝。但是真正挖到宝的人并不多见，反而有很多人因此上当。

　　有个山西人在南京卖羊绒布。一天，有个客人带着一个道士到他的店里买布，他们挑选了价值一百多两银子的布，约定第二天来拿。第二天中午，这两个人又来了，他们神神秘秘地在店门口张望，走进店堂后又不停地窃窃私语。山西人觉得很奇怪，就问他们是怎么回事。道士让他把伙计都支走以后，才悄悄告诉他说："你们这个院子外面有祥云笼罩，是有宝物的征兆。经过我仔细观察，我发现宝物就在你院子里第三间房子的地下。"山西人信以为真，就和他们约定当天晚上一起挖地寻宝。到了晚上，山西人带着伙计和这两个人一起在房间里挖地三尺。可是一直挖到早上，还是没有挖到什么宝物。

　　忽然，门外有人高声喧哗，还没等山西人反应过来，南京城的守城将军就进来了。他一进来就向山西人道喜，并说："听说你挖到了宝物，最近我们军队的经费入不敷出，请你捐出一点钱来，就当是做好事吧。"山西人辩解说并没有什么宝物，将军不相信，还怀疑是他偷偷藏起了值钱的东西，威胁说要把他抓到官府里去审问。山西人惶恐不安，向那个客人和道士求助，要他们证实自己的清白。哪知道那两个人一开口就说他们确实挖到了宝，但是并不像将军想像得那么值钱，所以他们请求将军不要太为难这个山西人。将军听了以后，作出一副宽宏大量的样子，对山西人说，那么我就不要求那么多了，你只要把你认为差不多的钱拿出来捐给军队就可以了。山西人再没有办法推辞，只好拿出自己做生意的钱来。

　　这个故事里的山西人虽然上了当，但是值得欣慰的是，他被骗走的钱至少不是被某些人侵吞了，而是用来当作军费，也算是为国作了贡献了。不过为了筹措军费，一个地区的将军竟然要和那些骗子们合伙，也算是奇闻了。

诓骗赏钱

只要有空子，就一定会有人来钻。即使是小钱，也会有人想方设法地去骗。

上海美租界海宁路上有一家姓程的办喜事，送礼的人来往不绝。按照当时的规矩，主人要给送礼来的人赏钱，而且一般大户人家为了显示自己的大方，往往给的赏钱比较多。但是，正是这种大方让人钻了空子。

程姓人家晚上察看礼物时，发现很多是空盒子或者是假的银票，都是有人为了得到赏钱来假装送礼的。这家人面对着这些空盒子，真是哭笑不得。

骗赏钱风险既不大，成本也不高，所以有很多人把脑筋动到了这上面。最近社会上大摆酒席的风气很盛，不知道这样的骗局会不会再次出现呢？

冒充京官儿子行骗

冒充大官或者大官的亲属行骗也是常见的骗术之一，但是巧妙地利用父子吵架这个话题来行骗的骗子还是挺少见的。

有个京官的儿子非常不像样，吃喝嫖赌样样俱全，京官一气之下把他赶出家门，好几年都不愿意见他。

有一次，这个京官到地方上去考察，地方的长官陪他到庙里去烧香。忽然有一个衣衫褴褛的年轻人上前跪下哭道："儿子不孝，请原谅我吧。"京官仔细一看此人并不是自己的儿子，非常生气地骂他说："你是哪里来的骗子？敢冒充我的儿子。"陪同的人中很多知道京官的儿子被赶出家门，以为京官骂那个人年轻人，只是因为气他的不孝，就一起上前劝京官说："您不要生气，他终究是您的儿子，现在境况又这么惨，您不如原谅了他吧。"京官怎么样都不承认那个是他的儿子，陪同的官员没有办法。后来那个人又私下里向他们哀求说："请你们劝劝我父亲，让我们父子团聚吧。"官员们商量以后，都认为说到底不能让京官的儿子出去乞讨，于是一起凑了钱叫人送给那个"儿子"。后来京官的仆人向那些官员描述京官儿子的长相，大家才知道原来那真的不是京官的儿子。

这个骗子了解到京官和他儿子的矛盾之后想出了这样一个骗局，利用旁人不明真相的心理，制造出连京官也有口难辩的局面，可以说对于心理学也是非常有研究的了。

骗子之败露

　　有些骗子智商太低，骗术不够，不小心就被戳穿，实属报应！当然最主要的还是他们昧着良心干坏事，迟早会遭到惩罚。

　　张问庚是个无锡小市民，刚刚丢了饭碗，没了薪水可就什么都干不了了，首先吃饭穿衣就成了问题。久而久之，他就成了无业游民，没事儿就到处晃荡，寻思着从哪儿可以骗点小钱。前两天他闲着无聊，就逛到南市的洽兴街的一个诊所，诊所的医生姓吴，是个和善的老头。张问庚告诉他说庆庄的主人最近吃什么东西中毒了，请吴医生诊治。不一会儿，他又晃荡到十六铺裕大衣服装店里买了丝绸夹衣和丝绸夹裤各一件，和店老板说好八块大洋，并让老板派人去他父亲吴医生那儿领十块大洋。店老板信以为真，就差遣了小伙计去收钱。吴医生看到来的人并不是庆庄主人，就知道张问庚在使坏行骗，于是立刻叫人将张问庚扭送到此地的工程局查办。法官查明真相，对张问庚杖责150大板，关进监狱15天。

　　人生在世，弹指一挥间，何不堂堂正正地做人呢？非要不务正业，骗点小财，后果只能是成为过街老鼠，人人喊打啊！纸包不住火，玩火者必自焚，张问庚实在是咎由自取！

某太守被骗

　　贪官虽然贪赃枉法的时候胆子很大，但是一到了那些狡猾的骗子面前，却常常吓得屁滚尿流。

　　蒋中丞在浙江当巡抚时，对属下要求非常严格。温州的太守平时贪赃枉法，所以时时惶恐不安。有一天，温州太守忽然听说衙门旁边新搬来三个外地人，每天什么事情也不做，只是到衙门里来看太守升堂审案，或者是向衙役们打听太守的事。太守派人去搜查三个人的房间，在行李里发现了署名为蒋中丞的一封信，信里让这三个人好好考察温州太守的政绩。温州太守非常害怕，派人送了三筐温州特产的橘子给这些人，筐里其实装的都是白银。三人收了银子后果然马上离开了温州，太守还是不放心，又派人去杭州府打听消息。派的人从杭州府回来后却说，蒋中丞门下根本没有这三个人，而且蒋中丞也没有派人去温州考察太守的政绩。太守这才知道上当了。

　　联想到现在的媒体报道中也常常有骗子敲诈贪官的新闻，可见只要有贪官，这样的骗局就不会消失。

某巡抚被骗

　　螳螂捕蝉，黄雀在后。在古代监督制度不是很完善的时候，官员的政绩会依靠上司微服私访来考察。普通的官员都很害怕微服私访，因为百姓可能会有很多不满意的地方向上司申诉。骗子们基于官员的这种心理设计骗局，很轻松地就可以达到目的。

　　乾隆初年，苏州府来了两个人，这两个人衣冠楚楚，操着一口北方口音，随行仆人也非常壮实。他们每天只是在衙门前转悠，或者是到茶馆里闲坐。旅馆的老板怀疑他们的身份，就趁着晚上从窗户里偷看，遂看到这两个人很严肃地在讨论什么问题，而仆人则恭恭敬敬地站在一边。老板悄悄地向巡抚报告这件事，巡抚于是派人到他们的房间里检查行李，结果发现了代表总督身份的珊瑚孔雀翎等东西，还有总督命令他们暗查苏州知府的信件。巡抚大惊失色，马上准备了一千两黄金送给他们。这两个人收下黄金后并没有什么表示，只是马上离开了苏州。后来，巡抚向总督的亲信打听这件事，才知道总督根本没有派过这两个人去苏州。

　　这个故事里的骗子们可谓料事如神，他们先设计好骗局让巡抚起疑心，然后又故意让他们在行李中搜到总督的行头，在收了钱之后也不多说废话，自始至终都保持了神秘感，让巡抚自己一个人干着急。

骗妇女银洋

　　有个著名的戏子名叫李友甫，因为骗妇人陆其玉一千元而被控告，现关在捕房里。捕头蒋文炳日前把李友甫押送到公堂。公堂上，原告陈诉说，她住在法租界，有一天她去同春园看戏，和她同一包厢的是李友甫的妻子。就从那时候起，原告认识了李友甫一家人。第二天，李妻就将她接到四马路新群旅馆，据李妻说她有珍珠十几颗，大概值十几元。李妻赌钱输了，要向原告借一千大洋，声称只要她赌完就能归还原告。原告又被李妻诱骗一起赌博，后来李友甫和同党用"倒脱靴"的手段骗去原告一千大洋。原告怏怏地回家，丈夫问她钱去了哪里，她只好如实说出。夫妻俩到李友甫家去讨公道，李像个无赖一样拒绝承认骗了原告的钱。法官商之英布副领事判李友甫收监，等他供出同党后，此案才告一段落。

　　通过本案，我们不仅要明白骗子无所不能，同时自己也要加强防范意识，不能轻易地相信陌生人，尤其涉及钱物，一定要提高警惕，陷阱也许就在眼前！

第四节 ◎ 拐带骗——今朝花落一场空

女人和孩子都是力量比较弱小，容易上当受骗的群体，所以拐骗犯们把目标锁定在这两类人上。拐卖儿童，清朝江湖黑话叫「抱童子」。这类江湖骗子叫「拐子手」，他们专门拐骗男孩女孩，或者勒索金钱，或者将其卖掉。拐卖妇女在那个时代也是经常发生的。被拐卖的妇女命运极其悲惨，他们大多数是被卖到娼门，掉入火坑；有的被卖给别人当妻妾婢女，过了一段时间又被转卖；还有的流入江湖，被迫随人一起行骗；在灾荒年代，有的被拐骗的妇女甚至被卖给别人当食物。拐骗的手法又是多种多样的，既有用哄骗达到目的的，也有靠武力达到目的的。

流氓奸拐少女

　　很多年轻的女孩子被男人哄骗以后就辨不清是非真伪,乖乖地跟着骗子走。而她们的父母则为她们操碎了心,到处找寻她们。

　　上海北部二十三堡唐锡宝的女儿唐大郎,从小就许配给了头坝街姓石的人家。唐大郎还没有过门,就被此地的流氓费桂宝诱骗强奸。费桂宝还将她藏了起来。唐锡宝非常心痛,却怎么也找不到女儿。后来石家的人到处派人打听寻找,终于找到了唐大郎,强行为唐大郎和其儿子举行了婚礼。没想到没过几天,唐大郎又被流氓领着不晓得躲到什么地方去了。唐家的人急忙报案,请警局通缉费桂宝,可惜徒劳无功。还是石家的人有本事,他们通过种种关系,查明费桂宝是一个名叫费阿银的巡捕的弟弟。那个流氓费桂宝还自称为侦探,估计唐大郎就是这么被骗走的。大家经过商量,猜测费桂宝很有可能藏在城内某个地方。于是相关的家属赶往巡捕房,请他们一起帮忙捉拿。最后巡捕房终于抓到费桂宝,把唐大郎救了出来。

　　拐骗案中有很多情况最后会演变成被拐妇女听信了拐骗犯的甜言蜜语,乖乖地跟着拐骗犯们走。这一方面是由于年轻女子处世经验不足,另一方面也有可能是年轻女子对于爱情的渴望很强烈。

全家被拐奇闻

　　有的骗子更恶毒，有时甚至将一家都骗去卖掉，妇女儿童全不放过。拐卖的儿童有的卖给他人做儿女，永远无法与家人相见；有的被迫乞讨，过着饥寒交迫的生活；有的甚至被无故杀掉。

　　有个姓卢的广东人，住在河南路鹏程里，做着一份经租人的工作。卢某家里有一妻一妾，两个女儿，三个儿子。卢某因为生意较忙，常常出门在外。有一天，卢某回家敲门，敲了半天也没人理他。卢某心里纳闷，将所有的窗子敲了个遍，可还是没人应门。卢某一气之下，借了把梯子，爬进了自己家中。一进家门，他惊呆了：只见家里被洗劫一空，什么都没有了。愤怒之中，卢某怀疑家里人都被邻居林奶奶拐走了。卢某万念俱灰，心灰意冷之下向巡捕房告发了林奶奶。后来林奶奶被抓获，但是巡捕房毫无证据证明此事为林奶奶所为，巡捕房也没办法给卢某一个交代。

骗拐女子

　　骗子的手段是多种多样的，骗子的犯罪行径也是花样繁多。此篇中的骗子"身兼数职"——强奸犯、拐卖犯、诈骗犯。

　　杭州板儿巷有一对姓毛的普通母女，家里条件不好，都在别人家里做佣人，勉强维持生活。毛家女儿刚二十岁，长得花容月貌，人见人爱。有个月底，城头巷吴绅家的种花匠阿五跑到他们家，说是主人让他请毛家漂亮女儿去他们家做针线女佣，每月给不少钱。母女听了，都觉得不错，女儿就跟着种花匠去了。可这一去就是半个月，母亲有点担心了，找到阿五要求见女儿一面。阿五支支吾吾地告诉她，她的女儿已经和主人去了苏州。毛家母亲顿时大怒，把阿五送了当地警察局。到了警察局后，阿五这才说了实话，原来黄阿桥的许七少爷看上了毛家女儿，做工只是个幌子。当晚许少爷就带着她去石牌楼永裕客栈同居了。住了十天多，又骗那姑娘去上海玩，其实是以500大洋卖给了苏州的一个妓院！母亲赶到许家质问许家少爷，他供认不讳，还要给毛家母亲200大洋。毛家母亲万分恼火，准备控告他。后有个和事老替他们调解，许家少爷答应在五天内把毛家女儿交还给她母亲。但这个许诺只是许家少爷的"缓兵之计"，毛家女儿最终也未能回家。

骗父拐妹

　　俗话说，"亲不亲，一家人"。偏偏有狠心的姐姐，不顾父母的养育之恩和兄妹之情，对自己的家人做出天理难容的事情来。

　　西内胡同有个许秀才，妻子早亡。他一个人辛辛苦苦抚养三个女儿长大成人，又把大女儿许配了人。最近，许秀才因为生病瘫痪在床上，眼睛也瞎了，家里的日子实在是过不下去了。他让人捎信给大女儿，大女儿就带着女婿回娘家帮忙。大女儿、女婿来了以后也没有给父亲请医生看病，只是住了两天。第三天两口子说要到天津去办事，顺便也带两个妹妹去散散心，许秀才就让他们去了。可怜这两个小女儿，就这样被自己的姐姐、姐夫卖给了人贩子。

　　这个大姐实在是应该被唾弃，她把自己的妹妹们卖了换钱，即使不受到法律的制裁，也一定会受到良心的谴责。

大拐子骗取小家女

　　下面这个案件讲的是一个婚姻的悲剧,为什么呢? 因为本故事中的男主角,也就是新郎官,将他美丽温柔、天真烂漫的新娘卖到了所有女人们都痛恨的地方——妓院。我们无法知道新娘以后的悲惨经历,只是奉劝对爱情抱着希望的朋友们,千万要谨慎地挑选自己的配偶,不要被表象所迷惑!

　　江阴县北圩地区有个姓严的妇人,丈夫早就亡故。他们有一个宝贝女儿,身材高挑,眉清目秀,亭亭玉立,异常美丽,是个不可多得的女子。她母亲对她疼爱有加,而她们家的财产也有五千大洋之多。要貌有貌,要钱有钱,因此经常有男子慕名前来求婚,可惜姑娘眼光太高,一直没有将自己托付给谁。最近,一个自称是出品协会委员的高某正想续弦,有个多事的甲某揣摩高某家资颇为丰厚,极力怂恿严氏把女儿托付给她。严氏怕上当受骗,就亲自去高某家里访查了一下。果然高家门庭若市,车马来来往往,而且这些人看上去很有钱。严氏看在眼里,喜在心头,心想女儿的终身大事终于有了着落了，就拜托甲某去高家说媒。甲某在高某面前说了不少好话，高某十分中意，马上就选日子送礼金，这桩亲事很快就定下来了。送礼那天，高某穿得很有派头，还带来了不少首饰珠宝。严氏眉开眼笑，心里乐开了花。

　　不久后，高某挑了良辰吉日告知了女方。严氏欣喜若狂，紧锣密鼓地布置起嫁妆来。到了高某和她女儿大喜的那天，同村的人都在路边观赏这一大盛事。十六个人抬着新娘子的轿子，高某坐在轿子前的马上，意气风发。一群人浩浩荡荡，吹锣打鼓，张灯结彩，热闹非凡。路人难得看到这么盛大的婚礼，都啧啧称赞，羡慕不已。真是才子佳人，天作之合啊！到了三朝会亲时，严氏的亲朋好友都来了，把高家的门槛都要踏坏了。高家只好把很多人拒之门外，挑了个代表进去。刚进门，高家的管家就问："干吗呀你们，来这么多人？"代表就说了："今天不是会亲

戚嘛！"管家一脸不高兴地说："我们最近娶的那个姨太太，是我们家主人用六百大洋买来的，白纸黑字都写着呢！"亲戚们听了，都吓得说不出话了。回去后，亲戚就把这个骇人听闻的消息告诉了严氏。

　　严氏听了大受打击，她决定亲自上门问个清楚。高某一看是丈母娘来了，就忙着张罗，满脸堆笑，将她接到最大最豪华的大厅，让伙计做了数不清的美味珍馐。严氏见了分别不久的女儿，心中有点宽慰。高某对严氏的态度是格外殷勤，照顾得格外周到。但严老夫人还是忍不住暗中问了问女儿："他没欺负你吧？你在这儿过得还算可以吧？"女儿点点头。高某拍拍胸脯："您放心，您女儿在这儿过得很好，我疼她还来不及呢，怎么会亏待她呢！"

　　过了没几天，严夫人又去了一趟高某家看望女儿，和高某商量："我一把老骨头了，整天想着我那宝贝闺女，最近想得厉害，我看我把她接回去住几天吧！"高某一听脸色马上就变了："你别不识时务啊！你第一次来，我接待你是看在你年老的份上，而且知道你们母女情深。你现在又来，还在这儿啰嗦，这就太不应该了吧！"严夫听了，惊恐万分，吓得不知道

该说什么才好。高某这才露出他的狐狸尾巴，向严夫人道出真相："你听好了，你女儿是我用六百大洋买的，她的卖身契还在我这儿呢！不信的话，你拿去好好瞧瞧！别在我家门前磨磨蹭蹭的，早点回家去！你和你女儿这辈子都别想再见面了，哼！"说完就恶狠狠地关上门，离去了。

　　严夫人一边听，一边颤抖，几乎昏死过去。回家的路上，她思前想后，十分心酸。等到她回过神来，才意识到自己被骗了！可怜她的女儿，不知身在何方，不知是否也在落泪。带着一颗破碎的心，严夫人向当地法官告状，希望有人帮她申冤。她又听说这桩婚事的两个媒人每人都得了两百大洋，而高某是个臭名昭著的大骗子！他经常用这种伎俩骗婚，骗到女人后，先奸再卖！他的行为令人发指，早就该被砍头了！

　　这样的骗子，还真是可恨可恶更可杀！那么堂而皇之、明目张胆地行骗，绝对是一个禽兽不如、彻彻底底的无耻之徒！而且还有一系列的帮凶，也难怪可以骗到那么多的良家妇女。当然这也和当时的婚姻习俗有关，相亲时不摸清对方的底细就贸然答应亲事，不能不说是一种悲哀啊！

贪彩礼嫁女被骗

　　但凡父母，都希望女儿能够嫁到一户好人家得到终身幸福。但是也有的父母，把自己的女儿当成商品，希望从女儿身上赚到大笔的彩礼钱。这种置自己孩子的幸福于不顾的行为，往往既害了女儿又害了自己。

　　广安门外有个姓徐的人家，女儿十八九岁，长得非常漂亮。有人上门提亲，说是某部当科员的，并愿意出五千元彩礼。虽然徐家对这个人的底细不太了解，但是冲着彩礼就把女儿嫁了过去。过了两个月，这个人说要到山东去看望父母，就带着老婆家当走了。到了山东，他把徐家的女儿卖到了窑子里，自己带着钱就走了。后来还是女儿写信给自己的父母才被解救出来的。

　　不知道这个女儿后来的人生会怎么样，但是从这个故事中我们可以得出的结论是：婚姻大事不可儿戏，尤其不可以把婚姻建立在金钱的基础上。故事中的这对父母，等于间接地把自己的女儿卖到了妓院，相信他们会后悔一辈子的。

诱卖结发妻子之奇闻

现在来讲一个出卖自己妻子的故事。在过去男女不平等的状况下,女子从属于男人,既没有地位也很难得到保护。

五月二十日傍晚,长沙小西门外的巡捕看见一个十四五岁的男孩子行色匆匆地在码头附近召唤渡船。巡捕们觉得他的行迹很可疑,就上前盘问。这个孩子说话的时候含含糊糊,不知所云。巡捕们问不出个所以然,就放他走了。但是其中有个巡捕非常细心,他注意到这孩子走路的时候踉踉跄跄,仿佛随时会摔倒的样子。于是他又再次拦住这个孩子,要他把靴子脱下来检查。孩子不得已只好把靴子脱了下来。巡捕惊奇地发现这个孩子的脚是用裹脚布包起来的,也就是说,她是一个女人。巡捕把她带回警察局继续询问,原来这个女人是一个贵州人,她的丈夫是贵州抚院的差人,姓朱,湖南人。一个月以前,她丈夫对她说要带她回老家,并且说路途遥远坏人很多,所以让她改装成男人。他们两个一路到了长沙以后,她丈夫把她领到福源巷陈姓妓女家,逼她做妓女。这个女人死也不肯,找了一个借口偷偷溜走了。总督朱大令听了这个女人的哭诉以后,非常生气,马上下令通缉那个朱姓男子,并且发誓说只要把他逮捕归案,就一定要加以严惩。

千里迢迢把自己的妻子送到妓院里去,真不知道这个丈夫是怎么想的。但是,能够狠得下心来把自己的妻子推入火坑的人,心肠一定是非常恶毒而冷酷的。

旧世存影

①

②

　　清末民初，由于社会动荡不安，人民流离失所，各种封建迷信思想盛行，出现了不少以占卜、算命、看风水为职业的游乡串户人员。他们有的只是为了讨一口饭吃，并没有什么害人的想法。但是也有一部分人，他们利用当时人们缺乏知识、不懂科学的愚昧懵懂来招摇撞骗。

　　以占卜、算命、看风水为主要形式的算命术在旧中国有其发展兴盛的社会基础。当时的百姓在遇到坎坷时，总是设想冥冥之中有一种力量在遥控着自己一生的命运。殊不知，所谓"命运"，它包括有两个层次的含义：一是命，即生命或性命；二是运，即运气。所以，命运即是指生死寿夭、富贵贫贱的格局状况或祸福吉凶、盛衰兴废、穷通进退、荣辱忧喜等一切遭遇的结局特点和趋势。

　　算命摊前，常见人报上生辰八字，算命先生掐算一番，便会告知求算者命型，并以此来推断出他人生的种种境遇。或许有人会问，算

① 算卦
② 风水先生
③ 城隍庙里的算命摊
④ 城隍庙里寓赌博和游戏为一体的转糖摊。

算卦术

③

④

命术真的那么灵验吗？殊不知，自己的命运其实就掌握在自己的手中，你心中有个佛，便可成佛；心中有个魔，你便变成了魔。算命术只是在人类的智慧不足或毫无用处的时候，人们用来指导自己的行事标准。

在这个时候，人们便只能借助于某一种偶然的东西去作为自己是与否、行与止的判断标准，各种复杂的或简单的占卜算命之类的东西便成为最好的决定工具。因此，如果从一种文化的或社会学的角度去思考，占卜算命的主要作用或深刻意义，并不在于卜筮的结果是否准确，而在于卜筮的行为本身所带给人们的决断力，即卜筮所具有的文化咨询功能。

但是，算命术宣传的那种"命里有时终须有，命里无时莫强求，万项都是命，半点不由人"的宿命论思想，说明它只是捆绑广大劳动人民的精神枷锁，是愚弄和麻痹人们斗志的腐蚀剂和精神鸦片。因此，对于算命术，我们是不应该低估它的危害性的，而应该认真对待，采取积极对策，端正思想，不能将算命术作为解决我们人生问题的良方灵药。

君子可以欺之以方，然诡诈之计可一而不可再。

故天下之诈，莫不趁良善之不备。试问心怀坦荡，胡可欺耶？

第二章

色胆包天篇

要想人不知　除非己莫为

俗话说，"色字当头一把刀"。正是这个色字，引出了千千万万悲欢离合的故事。还有很多骗子，也常常利用人们的色欲，来达到自己行骗的目的。和色字相联系的骗局大体来说可以分为两种，一种是骗色谋财术，指的是一些媒婆充当不正当男女关系的中间人，甚至设下骗局，和无赖男子狼狈为奸，骗奸良家妇女，从中谋财。这种骗术中，最著名的大概要算《水浒传》中帮助西门庆勾引潘金莲的王婆了。另外一种是以色谋财术，说的通常是娼妓这样的人，在和嫖客做生意的过程中设立骗局。

第一节 ◎ 婚娶骗——好汉难过女人关

男大当婚，女大当嫁，这是天经地义的事情。人们在嫁娶的时候总是希望能够碰到称心合意的人过一辈子，但是世事往往不能遂人愿，有一些人就在婚姻大事上碰到了骗子。有趣的是，通常因为婚娶而受骗的往往是男人，这可能与男人总是想要娶一个如花似玉的女人有关系。毕竟，这个世界上美丽女人的数量似乎永远赶不上想要讨漂亮老婆的男人的数量。

娶妻被骗记（一）

有很多男人娶老婆只听媒人的一面之词，不好好考虑就作决定，最后往往会自己吃亏。

有个六十多岁的茶馆老板，自从妻子病故以后就一直想要再娶一个老婆。一天，有个媒人来拜访他，说是认识一个五十多岁的女人，样子长得还可以，嫁妆也还拿得出几份。茶馆老板听后大喜，马上准备了聘礼把这个女人娶回了家。新婚之夜，这个女人忽然说："我是朝廷命官的妻子，因为家里穷，不得已才到人家家里帮忙，哪知道被媒人骗来这里嫁给了你。我给你个善意的劝告，今天晚上我睡床上你睡床下，你不要想动我一根汗毛。这样的话明天我就帮你辩白几句，省得你吃官司。"茶馆老板是个很胆小的人，听了这话只好缩在床底下过了一夜，床底下非常狭窄，他一夜没有睡着，还弄得腰腿酸痛。

第二天早上，有个打着官腔的人来到茶馆老板家，他听了老板的解释就说："我知道你没有过错，但还是请你陪着我去找那个媒人，我们一起把她送到官府里去，让他赔偿我们的损失。"茶馆老板就跟着他去了，谁知走到大街上那个人就不见了。茶馆老板纳闷地回到家，发现家里面那个女人也不见了，他这才知道自己上当受骗了，花了钱只换来一夜的腰酸背痛而已。

这个故事里的媒人、妇女和她的丈夫合谋骗茶馆老板的钱，精心布下了一个局。如果茶馆老板稍微多向人打听一下的话，说不定就可以看出这个骗局的破绽，那样不会上当受骗了。

娶妻被骗记（二）

很多中年男人在第二次结婚时，就不像第一次那样仔细考虑、精心准备，只求能找一个凑合过日子的就行。骗子们利用他们的这种心态行骗，经常能够得手。

有个裁缝中年丧偶，一直想要再娶，于是他到处托人做媒。一天，他和朋友在茶馆中闲聊，又说到续弦的事情。有个很面熟的人就凑上来，说愿意帮忙介绍一个非常好的女人。这个女人年纪轻轻就死了丈夫，并没

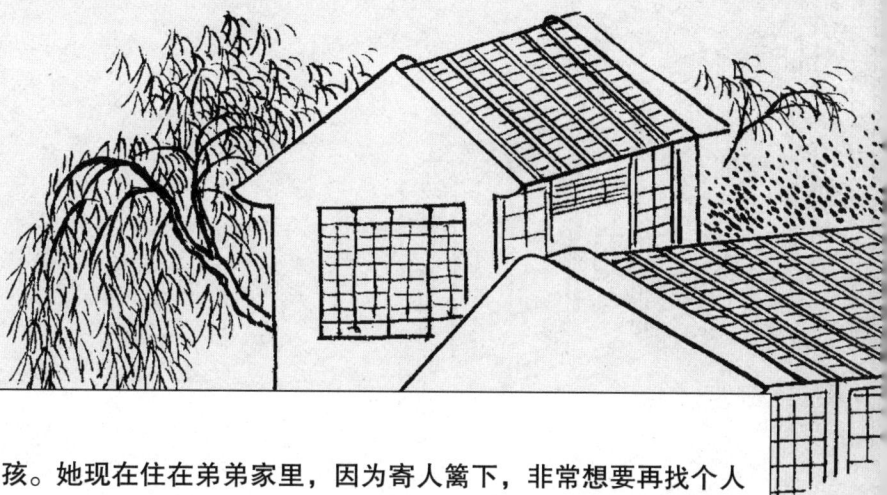

有生过小孩。她现在住在弟弟家里，因为寄人篱下，非常想要再找个人嫁了。裁缝听说以后便提出要见一见那个女人。这个人于是悄悄地把他带到一家人家门口，等了一会儿，裁缝果然看到一个长相端正的女子走出门外。裁缝对这个女人非常满意，就到这家人家去提亲。那个女子的弟弟说不想靠卖姐姐赚钱，所以只要了很少的聘礼，他又问裁缝家里怎么样，可不可以让姐姐生活舒适。裁缝一心想要娶到这个女子，就吹牛说自己家中如何如何有钱，这个弟弟就同意把姐姐嫁给了裁缝。

成亲以后，这个女子和裁缝非常相爱，对他百般体贴，裁缝也就放心地把前妻的首饰和家里的钱都交给她保管。可惜好日子过了没几天，弟弟来看姐姐时，看到裁缝家中并不是很有钱，就生气地和裁缝争吵起来，一边骂一边拉了姐姐就走，说是上当受骗了。裁缝心想自己和妻子关系亲密，她一定会帮自己说好话的，所以也不太在意，就让他们走了。过了几天，裁缝准备好礼物到小舅子家去道歉，并准备接回自己的妻子，到了那里却发现房屋已经空了。他向邻居打听，邻居们都说原来这里住的是一对夫妻，后来妻子去亲戚家住了几天，回来以后两口子就一起回老家了。裁缝这才知道自己上当受骗了，回家检查，裁缝发现自己交给那女子的首饰钱财都已经被拿走了，裁缝懊悔不已，但是已经晚了。

赔了夫人又折兵，这个裁缝可谓损失惨重，这个教训值得大家引以为戒。

和尚诱娶孀妇

有一些和尚入了空门，但是六根却未清静，色心还没有泯灭。所以从古到今，关于和尚的风流故事在民间一直流传甚多。但是和尚胆敢娶老婆的并不多见。下面让我们就来看一个这样的故事。

台州关帝庙有个和尚，法号明光，凡心一直未灭。一天，他偶然在庙中看到一个少妇，长得颇有几分姿色，打听后得知这个少妇是个寡妇。明光一见寡妇之后便念念不忘，日里夜里想的都是这个女人。最后他下定决心，用重金买通一个媒人，让她去向寡妇说媒。媒人隐瞒了明光是和尚的真相，又许诺给寡妇很高的聘礼。寡妇虽然守寡好几年，但终于经不起金钱的诱惑，答应了这门亲事。成亲当天，明光穿着俗家的衣服进入洞房，又故意早早吹熄了蜡烛，但寡妇还是发现他是光头，头顶上还有戒疤。于是寡妇大吵大嚷起来，把附近的乡邻都惊动了。和尚被众人痛打了一顿，赶出了村子，所花的聘礼当然也是竹篮打水一场空了。

和尚娶老婆既破了清规戒律，也不被世俗的礼教所容忍，和尚因娶妻最后被痛打，也算是罪有应得了。

娶妾被骗（一）

如果说娶老婆是为了好好过日子的话，那娶妾就纯粹是为了色了。好色也许并不是恶习，但也可以算是一个人性的弱点了，既然是弱点，就有可能被骗子利用。

有个贵公子带了一大笔钱到苏州去买妾。他在苏州城内住了十多天，每天都有媒人带姑娘来让他挑选，可是他都不满意。一天，有个老太太来找他，说："公子，您的眼界太高，普通人您是绝对不会满意的。我妹妹家有个女儿，长得美若天仙，可惜她父母要的聘礼太多，所以耽搁了她的婚事。不如您去看一看她。"公子按老太太说的找到那户人家，偷偷地看了那个小姐几眼，发现这个姑娘果然好像是仙女下凡一样。公子找那个老太太做媒，老太太提出三个条件：一是要给很高的聘礼，二是不能说娶妾而要说娶妻，三就是要好好地酬谢她这个媒人。公子一口答应，只求能早日和这位佳人结婚。老太太果然很快带回了好消息，让公子准备千两白银作为聘礼，并且还要购买各种绫罗绸缎送去。公子自己这边又买了两个奴婢来伺候新娘，还包了一艘船当作新房。

新婚那天，新娘家派了好几个女人来送新娘，她们扶着新娘一直走到船舱里，并且一直陪在她身边不让公子靠近。好不容易到了晚上，公子让船夫开船回家，自己走进船舱来见新娘。他和新娘说话，可是新娘并不理他，公子以为她害羞，也不太在意。等到公子走过去掀开了盖头，才发现这是一尊木偶。公子急忙命人去找那户人家，但为时已晚。邻居们告诉他说："这家人家为了嫁女而特意租了房子，昨天女儿一嫁出去，他们就收拾行李走了。"公子又找那个媒人，也没有找到。他花费了大笔的金钱，最后带回去的只有两个丑陋的奴婢而已。

用木偶来代替真人，也只有在古代才行得通，但是这样的故事在今天还是有警示意义的。

娶妾被骗（二）

　　妾在中国古代的地位和商品并没有多大区别，所以又有买妾一说。于是，有的人就会贪图便宜，只要是便宜的女人就会花钱买来做妾，不管漂不漂亮，只要能传宗接代就行。

　　有个秀才，到了四十多岁还没有儿子。他特意坐船到通州，想娶个妾回来延续香火。到了通州，就有媒人来做媒，说是有一个女子样子长得不错，要的钱也不多，但是必须用花轿来迎娶。秀才大喜，马上同意了。媒人说好当天晚上用轿子把女子送到船上。到了晚上，果然有一顶花轿来到岸边，两个媒人从轿子上搀扶下来一个女子。秀才隔着盖头看，觉得此女子样子长得很不错，再看身材，也很令人满意。他谢过了媒人，就到房里去见那女子。这一看不要紧，秀才差点吓丢半条命，原来盖头下是一尊观音的塑像。秀才正在束手无策的时候，岸边忽然响起一阵喧闹声，紧接着，一伙人拿着火把冲进了船舱，他们看到观音像后怒不可遏，原来这个观音像是他们村庙里的，据说非常灵验。现在秀才竟然把她偷走了，当然罪不可赦。秀才大声喊冤，把自己上当的事情说了出来。这些人还是义愤难平，其中有个长者对秀才说："你得罪了我们全村的人，现在唯一的办法是你拿出钱来赔偿我们，我们就放你走。"秀才没有办法，只好拿出所有的钱给他们，这才得以脱身。

　　这个骗局的妙处在于，布局的人不仅骗了秀才的钱，还用观音像来陷害他，使他蒙受了更大的损失。

娶妾被骗（三）

　　有谁想过,如果自己娶的如花美人变成了一个老太太会怎么样? 这个故事里的男人虽然上当受骗了,但人们在对他抱以同情的同时,更多的可能是感到好笑吧。

　　杭州有个武生姓陆,排行老大,街坊邻居都称他为陆大郎。陆大郎一直想要置一房妾。他听人说苏州的女子长相好,性格也温和,于是便抽空带了银两来到苏州。刚到苏州,就有媒婆带了一名女子介绍给她,这女子面容娇俏,身材凹凸有致,是个大美女,陆大郎顿时倾心不已。第二天,媒婆代表那家人和陆大郎谈好了聘礼,商定当天晚上送那女子上船。

　　到了晚上,女方家里派了好几个家属送新娘子上船,并且一再叮嘱陆大郎说这个女子因为要离开家乡,所以很伤心,让他暂时尽量不要和她多说话。

　　船开出去一大段路以后,陆大郎终于忍不住去掀开那个女子的头巾,这一掀不要紧,差点没把陆大郎吓死。原来新娘子是一个八十多岁的老太太。这个老太太告诉陆大郎,因为自己家里的生活很贫困,所以收了人家的钱来假扮新娘。她又说自己已经嫁给了陆大郎,就决定以后一直跟着他了。陆大郎看着和自己祖母差不多年纪的妻子,简直哭笑不得,最后只好给了她一笔钱让她回家。

　　这个故事,其实只不过是一个简单的骗局,先以美人做诱饵,等到有人上钩后,再偷梁换柱换上一个八旬老妇,手段不算高明。但是这个骗局抓住了男人的一大心理特点:爱美。美往往会使人盲目,使人失去判断力。陆大郎这个人不能说是个糊涂人,可终于还是栽在一个用美女设置的陷阱里,世人不能不引以为戒啊!

孀妇受骗

俗话说，"十年修得同船渡，百年修得共枕眠"。婚姻是多么美好和幸福的事情，可是万恶的骗子却将他们罪恶的黑手伸向了神圣的婚姻殿堂。

广东明府有个寡妇，人品好，积蓄也不少，很多人给她说媒，她都没看上。有一次，她偶然看见对面大宅有个英俊的少年出入，就派媒人打听。通过媒人，寡妇得知，少年正想再娶，恰巧也看上了那个寡妇。但寡妇担心少年会嫌弃她是残花败柳，少年却说："卓文君也不是黄花闺女啊！"寡妇又约法三章：一、少年必须现在是单身；二、两人婚后必须住在本地；三、她的母亲要和他们同住。少年都答应了，婚事很快定下了。寡妇的母亲告诫她，那个男人看上去不可靠，寡妇不听，还是结了婚。

两人婚后如胶似漆，很是甜蜜。有次丈夫很为难地向老婆借200大洋做生意，老婆当然很乐意，还将她存放积蓄的箱子钥匙给了他。不久，丈夫借口去江门卖东西，十天也没回来。老婆这才开始怀疑自己丈夫的人品，后有人把他们家的彩灯拿下，说这是租的，到期了。很快房东又来要房租，老婆就到箱子里拿钱，发现箱子里尽是瓦片石头，这个可怜的女人这时才知道她丈夫是个大骗子，顿时大哭，后悔莫及。房东看她可怜，就没收她的房租。还好她以前借钱给别人，现在收债，还能勉强度日。

这个故事给我们一个很深刻的教训：防人之心不可无。即使你最亲近的人也有可能欺骗你啊！

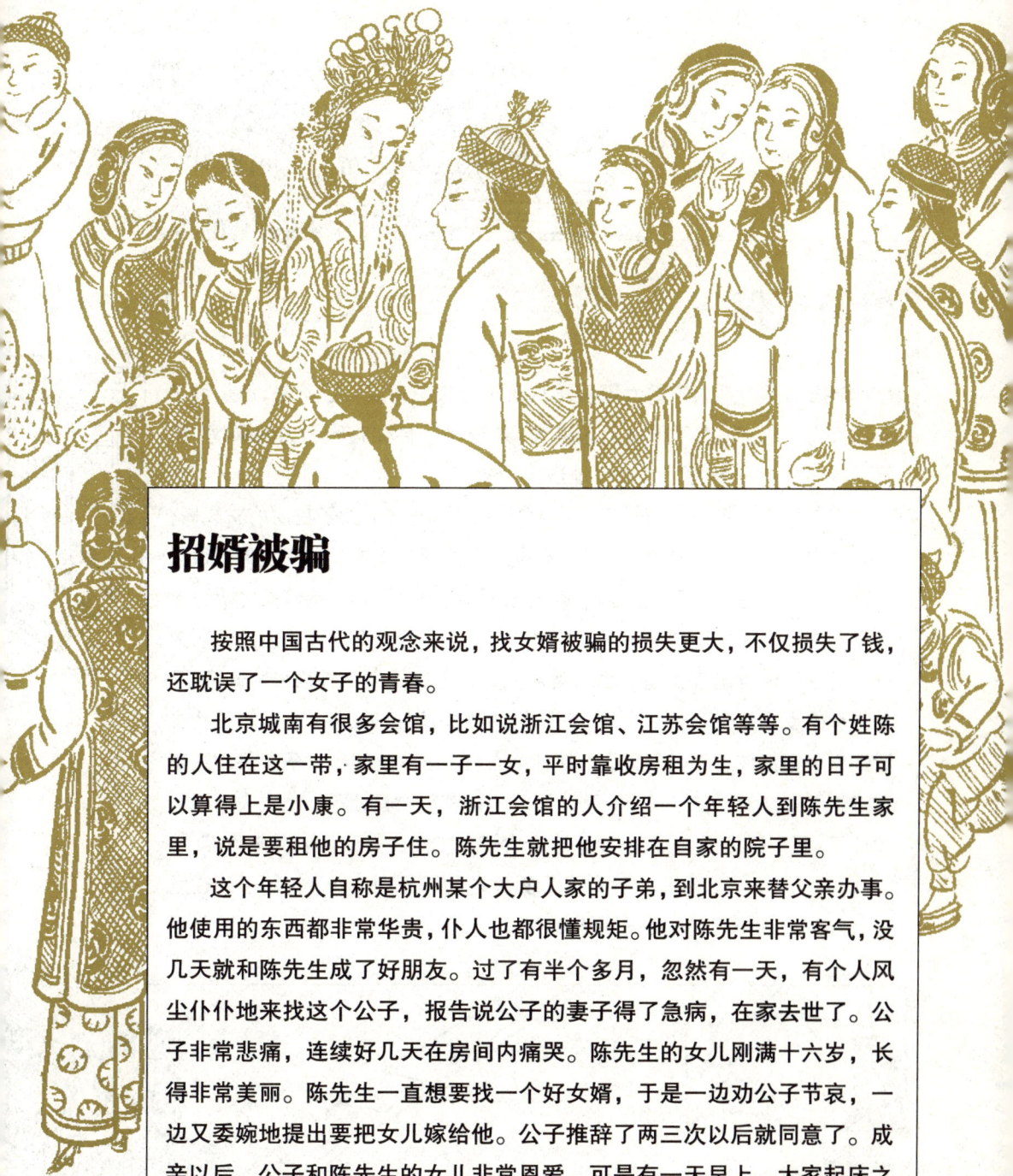

招婿被骗

　　按照中国古代的观念来说，找女婿被骗的损失更大，不仅损失了钱，还耽误了一个女子的青春。

　　北京城南有很多会馆，比如说浙江会馆、江苏会馆等等。有个姓陈的人住在这一带，家里有一子一女，平时靠收房租为生，家里的日子可以算得上是小康。有一天，浙江会馆的人介绍一个年轻人到陈先生家里，说是要租他的房子住。陈先生就把他安排在自家的院子里。

　　这个年轻人自称是杭州某个大户人家的子弟，到北京来替父亲办事。他使用的东西都非常华贵，仆人也都很懂规矩。他对陈先生非常客气，没几天就和陈先生成了好朋友。过了有半个多月，忽然有一天，有个人风尘仆仆地来找这个公子，报告说公子的妻子得了急病，在家去世了。公子非常悲痛，连续好几天在房间内痛哭。陈先生的女儿刚满十六岁，长得非常美丽。陈先生一直想要找一个好女婿，于是一边劝公子节哀，一边又委婉地提出要把女儿嫁给他。公子推辞了两三次以后就同意了。成亲以后，公子和陈先生的女儿非常恩爱。可是有一天早上，大家起床之后，却发现公子和他的仆人都不见了，家里的财物也被搬空了。陈先生去看公子带来的几个箱子，里面只有一些石头而已。最可怜的是陈先生的女儿，从此以后就在家苦苦等着永远不会回来的丈夫。

赘婿被骗

　　倒插门做了别人家的女婿虽然从面子上来说有点儿过不去,但是得了老婆又得了财产,对于很多男人来说,这还是一件很有吸引力的事情。你看,这不就有一个秀才乐呵呵地送上门去了。

　　有个秀才上京赶考,有一天,看到住在对门的一个女子在窗前看风景,长得非常美丽。秀才向别人打听,知道这个女子的丈夫出外做生意,很久没有回来了。过了两天,这家的房子里忽然传出痛哭声,接着秀才听说这个女子的丈夫在外地得病死了。又过了几个月,这个女子似乎生活无以为继,常常叫婢女出去典当衣物。秀才托媒人向她提亲,她很快就同意了。秀才和这女子成亲不到一个月,忽然她的丈夫从外地回来了。女子的丈夫看到家中竟然住着别的男人,不禁勃然大怒,扬言要把这女子和秀才送到官府里去。这女子苦苦哀求,又让秀才把行李财物都留下,她丈夫才把秀才放了。后来秀才听别人说,原来这个女子和她丈夫是专门以此来诈骗的。

　　"秀才遇到兵,有理说不清。"当秀才遇到骗子时,除了打掉了牙往肚里吞外,也想不出什么法子来应对了。

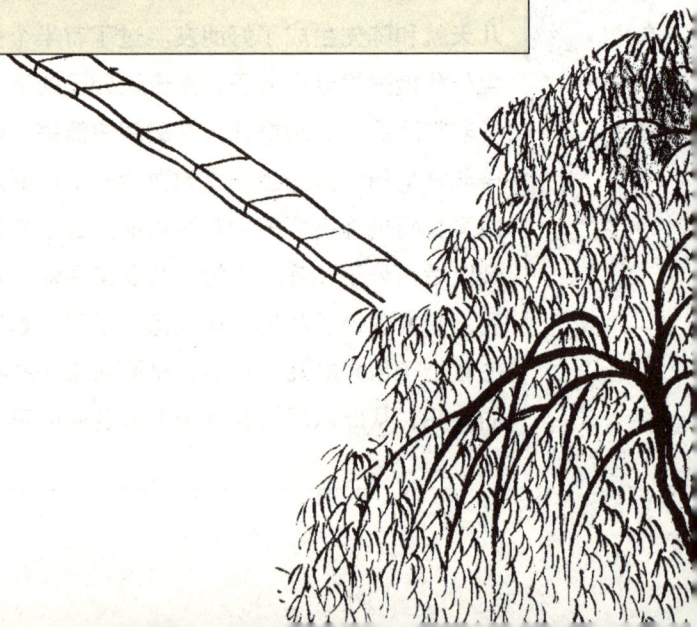

骗婚险遭毒毙

　　婚姻讲究门当户对，这虽然是一种封建观念，但存在即有其合理性。在几千年的封建社会中，人们对于夫妻双方门等的匹配度还是很在意的。但是，偏偏还是有很多人不为自己的条件所束缚，想要追求不适合自己的人选，这往往就导致了悲惨的结局。而有的媒人利用男人想要漂亮老婆，或者是女人想要嫁个有钱丈夫的心理来进行行骗。

　　广东燕塘乡农民邓利仔长得非常丑，牙齿突出，脸上各个部位都很不协调。邓利仔勤勤恳恳侍弄田地，几年下来倒也积攒了一些钱。他的年纪也不算小了，一直很想讨个老婆。他知道自己长得丑，所以不敢亲自出去向有女儿的人家求亲，而是找了一个媒人帮忙。这个媒人拿了他的钱，就到省会广州去帮他找老婆了，后来，媒人果然替邓利仔找到了一个长得不错的女人。媒人把邓利仔吹嘘了一通，说他有钱，人品好，长得也还行。女人就听信了她的话，答应嫁给邓利仔。结婚的当晚，女人发现邓利仔家里并不像媒人所描述的那么大富大贵，而且邓利仔长得又极其丑陋。女人知道自己上当了，但是因为身边没有亲人，所以女人暂且忍耐了两天。后来女人悄悄去药店买了马前药（一种毒草）。到了第三天，女人把这种毒药放到酒里想哄骗邓利仔喝下，但是邓利仔从女人的神色中察觉出端倪，就把酒拿给家畜试验了一下，发现酒中果然有毒。于是邓利仔把女人从家里赶了出去，又找到那个媒人追讨银子。后来还是经过别人的调解，邓利仔和媒人之间的矛盾才没有激化。这件事里，女人虽然狠心到要杀人，但是她自己受了欺骗，也还情有可原。邓利仔人财两空，只能怨自己托的人不好。只有媒人最可恶，为了自己赚钱，两头欺骗，害了两个人。

第二节 ◎ 奸情骗——安排软索套猛虎

如果说在婚娶问题上受骗上当还值得同情的话，那么因为奸情被骗子利用导致上当的话，那只能说是『自作孽不可活』了。我们只能劝那些还沉迷于不正当男女关系的人们，检点自己的行为，毕竟天下没有不透风的窗户啊！

浪荡子诱骗

　　有很多已婚妇女搞婚外情只是因为婚后生活无聊需要刺激而已。但是也有一些已婚妇女在一段时间的交往之后，会对这些男人产生真感情，并且心甘情愿地为他们付出。因为有这些女人的存在，社会上便出现了一些专门勾引已婚妇女的不良青年男子，他们把勾引已婚妇女当成生财之道。

　　南京有个叫季阿福的，曾经当过庆升茶园的茶房。在当茶房期间，他攒了一笔不明来历的钱。得钱之后，他就辞去茶房的工作，穿得风流倜傥，衣衫翩翩，在街头巷尾悠闲地漫步。只要一看到有长得出众的姑娘，他就立刻运用他高明的手段勾引她们。一次，他坐火车时，有个有夫之妇长得实在标致，他就百般挑逗，很快就和那女人在一个包厢干起了不正当的勾当。这还不算，他又骗了女人一些金银首饰，女人还天真地以为季阿福以后会真心对她。后来，女人的丈夫不知怎么查到了这件事，怒不可遏，把他老婆关在家中，不许她出门。而季阿福呢，仍旧逍遥在下关一带。他卑鄙无耻的嘴脸无人不知，无人不晓，但还是有人上当，而他越发地旁若无人，大胆行骗。

得不偿失

医生这个职业，往往被人看得非常神圣，但其中不乏败类：或是对医术只懂皮毛，是江湖骗子；或是利用职业之便，为所欲为。本文的医生就在行医时勾引女人，结果把自己家里的老婆给弄没了。

安新县有一位医生，这位医生医术还算高明，所以他挣的钱还是不少的。但这位医生比较好色，家里已经有一妻一妾了，还老想着"开荤"，到处去拈花惹草。在一次行医时，他见东沟的一个寡妇长得貌美如花，便起了歹心。经过他的努力，两人没多久就勾搭上了，还发生了不正当关系。

寡妇的丈夫死后给她留下了一笔丰厚的遗产，医生垂涎已久，很想据为己有，于是他对寡妇说："我想开个药铺，但是我的钱不够，你能助我一臂之力吗？"寡妇听后，思考了一下便满口答应了。在寡妇的资助下，药铺很快就开张了，药铺也顺理成章地成为两个人的非法同居之所。医生经常住在药铺，连家都不怎么回，把他的妻妾忘得一干二净。

近日，他小妾的父亲和朋友因为有些事情要办，就住进了他家。丈夫多日不在家，本就寂寞难耐的两个女人，此时再也把持不住了。医生的老婆与小妾的父亲、小妾和她的朋友双双看对了眼。再加上主人不在家，正在其他地方逍遥快活，他们就更加肆无忌惮起来。

过了几天风流日子之后，一天晚上，两个男人商量着把医生家中的老婆、小妾连同三个女仆一起带走，把医生的家洗劫一空。医生的老婆、小妾也同意跟他们走，于是他们就赶紧收拾东西，把能带的都带上之后就离开了医生家。

他们一帮人小心翼翼走在街上，生怕被人发现。也许是天网恢恢疏而不漏吧，他们很快就被两个警察发现了。警察看到他们男男女女这么多人晚上出门，行迹非常可疑，都没给他们解释的机会就把他们全部扣留，送到了公安局。医生得知后，匆匆回到了家，但此时他的家已经空空如也。

看看，有得必有失吧。这个医生捡了芝麻，丢了西瓜，为了一个病人兼情人的寡妇，把自家两个老婆拱手让给了他人，也算是得到了报应吧！

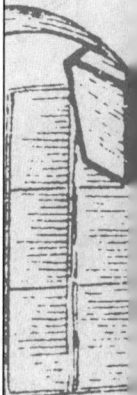

人妖

　　古代妇女久居深闺，平常很少能见到除了亲人以外的男人。可是却有男人能够在这些深闺里出入自如，和很多妇女保持关系。

　　有一次，福建巡抚看到有个妇女鬼鬼祟祟地在别人家门口打探，就把她抓到衙门里去询问。这个妇女在大堂上什么都不肯招，巡抚生气了，就让衙役们脱了她的裤子打板子，哪知道脱了裤子以后大家发现这个妇女是个男人。巡抚于是对他严加审问，问他为什么男扮女装。这个人最后招供说，自己是从另一个男扮女装的人那里学到这个招数。他扮成女人到各个人家去叫卖丝绸之类的东西，顺便也教妇女们做一些针线活。妇女们都很信任他，常常让他到自己的闺房里去，有的时候他看到美丽的妇女就会求欢。妇女们因为怕声张出去，所以常常答应他的要求，有的女人还会和他保持着关系，甚至送钱给他。

　　这个故事中，无论是骗子本身还是其所用的的手法，都算是比较特别的了。不得不说，这个骗子能够想到通过变换身份来接近妇女，也算是比较聪明的了。

少妇被诓骗

靠出卖色相生活的年轻男人俗称小白脸。很多小白脸依靠富有的老年妇女生活，也有一些勾引富人家的太太们。

前门胡同里有一个少妇带着几个仆人过日子。她对别人说自己的丈夫在山东做生意，所以一个人生活。其实这个少妇是一个富翁偷偷养在外面的外室，因为富翁的大老婆非常厉害，所以富翁一个月难得有几天能偷偷溜出来和她见面的。少妇非常孤单寂寞，不禁把心思动到了别的男人身上。一天，她在看戏的时候结识了一个年轻英俊的男人，那个男人自称是大学生，因为违反校规被开除，又没有脸回老家，只好在北京城里流浪。少妇同情他的遭遇，不由自主就坠入了他的情网。这之后，少妇常常在自己家里留宿这个男人，两人如漆似胶地过了一阵。一次，这个男人说要做生意，可是苦于没有本钱。少妇于是把自己的积蓄都交给了这个男人。又过了一阵，男人说自己的生意做得很顺利，可惜本钱太小所以没什么赚头，他又信誓旦旦地对少妇允诺，自己发财以后一定帮助少妇离开那个富翁，和他正式结婚。少妇被这个男人的甜言蜜语所迷惑，竟然把自己房子的房契交给他拿去抵押。这之后，男人一直借口生意忙不再来看少妇，到最后甚至连人也不见了。少妇隐约觉得自己可能上当了，可还抱着侥幸的心理。又过了几天，有几个人上门来收房子，说是那个男人卖给他们的。少妇这才不得不把事情告诉了富翁。富翁一怒之下，把她给休了。

这个故事讲的是一个痴情女子的悲惨命运。在同情她的同时，我们也看清了那些利用青春和脸蛋欺骗女人的小白脸的真面目。

骗乘船少妇

　　女人的贞节在中国传统观念里是非常重要的,所以如果女人和自己丈夫以外的男人发生关系,不论责任是不是在她,她都会受到社会的轻视甚至谴责。但是,有一些女人为了金钱等原因,还是会把自己的身体奉献给丈夫以外的人。假如不慎失身于除丈夫以外的男人,很多女人也会采取小心谨慎的态度,尽量不让别人知道。正是这种情况的存在,骗子们才想出了一些极其恶毒的招数来骗取女人的身体。

　　某少妇坐轮船到某地区探亲,为了节省开支,她一个人住在舱房里,让自己的婢女和仆人住在散舱里。住在她对面房间的是一个少年,两人开门的时候常常打照面。这个少妇颇有几分姿色,少年看她的眼神也就很痴迷。这天晚上,少妇睡觉的时候忘了把房门的锁给锁上,到了夜深人静的时候,少年忽然悄悄地潜进少妇的房间。少妇又惊讶又害怕,正要大声呼救,少年连忙拿出两百块银元,说:"我非常爱慕你,现在愿意用这些钱当成一个晚上欢乐的代价。我们两个彼此互不认识,也不知道对方的姓名,这一晚过去以后大概再也没有机会碰面了,请你满足我的这个要求吧。对你对我都没有害处啊。"少妇看到钱有几分心动,半推半就地和少年成了好事。

第二天，少年回到自己房间以后，忽然放声大哭，哭声非常凄惨，把船舱里的客人和买办都惊动了。大家到他的房间询问发生了什么事情，他说："我随身带了两百块银元，是我的活命钱。现在这两百块钱无缘无故地不见了，我还有什么脸回去见我的父母啊，现在只好跳海自杀了。"买办问他："你昨晚睡觉的时候有没有锁门？"少年说没有。众人就此判断钱应该是被人偷走了。买办又问少年："你的银元上面有没有标志？"少年说有，每一枚银元上面都有某钱庄的印记，如果找到的话一眼就能认出来。船舱里的人认为这件事人命关天，不如大家都把自己的行李打开让这个少年检查看看，大家都同意了。检查到那个少妇时，大家发现她的神情非常紧张，就起了疑心。少妇坚决不让别人检查她的东西，但是敌不过那些男人的蛮力，最后少妇的箱子、包裹被强行打开，众人果然发现两百块银元在她的包裹里。大家一起谴责这个少妇，后来还是在少年的劝阻下才没有报告官府。少妇掩面痛哭，羞愧得几乎要寻死，而那个少年则理直气壮地把自己的银元拿了回去，等到船靠岸的时候从容地走了。

被妻欺骗浑然不知

有了婚外情的男女为了能在一起，可以想出各种各样的办法。

杭州城里有个姓黄的人，在衙门里当差。他的妻子赵氏年轻貌美，是个不安分的女人。由于黄先生常常要在衙门值班，赵氏就和邻居张小一勾搭上了。他们两个人偷情大约有一年左右，附近的邻居都知道，只是没有人敢告诉黄先生。赵氏自己也知道自己的事情为很多人所知，总有一天会败露的。她和张小一商量以后，决定私奔。可是私奔很容易被人发现，并且两人的亲属都会受到连累。最后，张小一想出了一个办法。

赵氏先把自己的首饰变卖以后，买了一套非常贵的首饰，项链、戒指、耳环等都只有一套。她将这件事如实告诉了自己的丈夫，黄先生也并不在意。

然后，赵氏借口婚后一直没有生孩子，跟黄先生说自己要到临隐寺烧香许愿。黄先生当然也同意了。到了去庙里的那一天，赵氏穿着普通的衣服，但把首饰都戴在身上，说是显得比较隆重虔诚。她带着一个丫环到了庙里，烧过香吃过斋饭以后就假装在庙里欣赏风景。这时，一个人带着一顶轿子急冲冲地来找她，说是黄先生在衙门里得了怪病，一下子昏过去了。赵氏连忙上了轿子吩咐快回去，又嘱咐丫环自己慢慢走回来。等到丫环走回家的时候，发现黄先生好好地在家等着她们。丫环忙把事情经过告诉黄先生，大家都觉得是上了拐骗犯的当。

其实，那顶轿子是张小一雇的，他把赵氏抬到自己租的房子里让她先住两天，然后等到风声一过，张小一就借口去外地做生意，拜别了自己的亲人，带着赵氏远走高飞了。

不知道赵氏和张小一后来的生活怎么样。只是可怜了黄先生，被这对搞婚外情的男女所欺骗，还要担心自己妻子的安危。

是否拐案

昨天本社友人在大觀樓喝茶見有甲乙二人往裏邊
桌兒上閒大德說的西阿沿天風庭於去月末義兒
來了個南方人某甲帶着兩個幼女也像江浙
的口音要在北京出賣有綢花伏詳給他拉
結我主兒兒看那樣子很是可疑大約來
路不明許是擄子拐賣等語這話雖是得
身傳開然二人正色而談也未必無因有署
客俱保三責何物訪查又晚倘若得寃極救兩個幼
女那總是保民的德政呢

末黎白繪

第三节 ◎妇人骗——设下香饵钓鳖鱼

虽说妇女力量比较弱小，见识也可能不如男人，但是当她们参与到骗局中来的时候，往往丝毫不比男性逊色。这其中的原因多种多样。有的女骗子颇有几分姿色，能够把男人迷得不知东南西北，当然是她说什么就是什么了。有的女骗子看上去非常弱小，让人产生怜悯之情，人们想帮她的忙都来不及，怎么会怀疑她是坏人呢？还有的女骗子擅长演戏，能够扮演不同角色，一般善良的百姓是难以分清楚真伪的。孔夫子说，唯女子与小人难养也。这句话的对错我们暂且不讨论，可是看了下面的故事，相信您会对那些披着美丽外壳的女骗子们有一个清醒认识的。

最毒妇人心

有句话说，最毒妇人心。虽然这是对女性的一种带有偏见的看法，但是也确实有心肠非常狠毒的女性，《水浒传》中的潘金莲就是一个代表。下面我们要讲到的这个女人也是一个非常狠毒的人。

桐乡有个孝廉会试落榜，他看完榜示怏怏不乐地回家去，途中住在一家旅店里，刚好孝廉看到一个女子带着灵柩也来投宿。他听女子口音好像是同乡，便和她攀谈起来。女子自称是某将之女，嫁给了一个副将，现在副将死了，她就带着灵柩回家去。孝廉可怜女子孤身一人，加上两人同路，就表示愿意一路照顾她，女子对他千恩万谢。两人带着灵柩从北京一路回到桐乡，彼此都有好感，于是结了婚。成婚以后，女子对孝廉说自己积攒了一些银子，可以帮他买一个官，孝廉当然同意了。这个孝廉做官以后，家里迎来送往，热闹非凡，那女子也是一副官太太的派头。

一天，女子对孝廉说："过两天就是府台的生日，你去珠宝行买一串珍珠当作礼物吧。"孝廉对太太一向言听计从，忙赶到珠宝店买了珍

珠回来。哪知道拿了珍珠回去以后，女子便大哭说："你这个败家子，买东西也不看看清楚，买了假的回来了！"孝廉忙拿了珍珠回珠宝店和老板交涉。老板认为是孝廉掉了包，双方争执不下。这时，孝廉感到一阵口渴，就要了一杯茶来喝，刚喝了几口，他就口吐鲜血倒在地上。旁人上去一看，已经没有气了。珠宝店顿时乱成一团，孝廉的太太也坐了车赶了过来。她一口咬定是珠宝店老板毒死了她丈夫，一定要告到官府去，珠宝店老板见情况对自己非常不利，只好央求大家向她说清楚，并表示愿意赔偿。最后，珠宝店老板赔给这女子十万两白银，她才放过他。第二天，这女子就悄悄地带着银子消失了。原来，她等孝廉买了珍珠回家以后，就趁他不注意换了一串假的，然后又在给他吃的东西里加了慢性毒药。真是最毒妇人心啊。

　　这个女人仅仅是为了能够敲诈勒索，就不惜牺牲掉一条人命，而且这条人命还是她丈夫的。整个骗局从开始到结束都设置得非常巧妙，残忍得让人心寒啊！

母子行骗

　　不管年纪大小，只要是女人，就可能对男人形成一定的杀伤力。但是，如果这种杀伤力被用在歪门邪道上的话，那造成的后果就惨不忍睹了。

　　某地有个王先生，丧妻多年，和儿子一起生活。两个儿媳妇都长得很美，脾气也很好，平时特别孝顺王先生。有一天，王先生家门口来了个老太太，好像是在等人的样子。两个媳妇问她有什么事，老太太说自己和儿子闹翻了所以跑了出来，现在要等一个亲戚带自己去亲戚那边生活，儿媳妇们一听就让她进屋等。等了一天，老太太的亲戚都没有来，媳妇们又好心地留她住下。之后几天，老太太都住在王先生家，每天帮两个媳妇做家事并且交给她们很多绣花的技巧。两个媳妇都很尊敬这位老太太，便帮自己的公公做媒，想让她留在自己家做婆婆，结果王先生和老太太都同意了。大家开开心心地过了几个月。

　　某一天，老太太的儿子忽然找上门来，他跪着求老太太原谅自己，两个媳妇看他可怜，同时又希望家里和睦，便一个劲地劝老太太原谅他。之后，老太太的儿子常常到王先生家做客，两家交往很密切。有一天，老太太的儿子说自己要娶媳妇，求老太太和两个媳妇去帮忙，王先生就让她们去了。她们去了一天没有回来，王先生便让儿子去接，到了那里才发现那家的房子已经空了，四处打听才知道他们今天刚刚搬走，两个媳妇自然也被拐走了。后来两个媳妇的娘家都向王先生要人，王先生和儿子无法应对，重压之下便一起上吊自杀了。

　　这个家破人亡的故事提醒我们要时刻警惕生活中的骗子，千万不要轻易相信别人。

十姐妹行骗

　　女性在传统意义上来说是柔弱的,需要保护的,但是实际上有很多女子强壮有力,能够毫不费力地打败男人,得到自己想要的东西,特别是当她们联合起来的时候。

　　清末,上海沪北某里,有一个青帮的秘密据点。那里住着一群容貌姣好,身手也不错的青年女子。她们结拜为十姐妹,经常设骗局行骗。有一天,她们中叫九妹的姑娘结识了一位姓朱的富家少爷。他们的交情不算深,但朱少爷向她介绍了他的家人。九妹和朱少爷的妹妹套近乎,让朱小姐完全信任了她。等到她们之间完全混熟以后,九妹把朱小姐带到了一个茶馆,这实际上是十姐妹的一个秘密据点。在茶馆,朱小姐和九妹、老二、老七、老六一起搓麻将。之后一段时间,她们经常在这儿搓麻将消遣。其实这都是精心设计的圈套。忽然有一天,那些姐妹诬陷朱小姐欠她们一大笔钱,而当时朱小姐身上确实带了不少的钱,加上她佩戴的珠宝首饰,都够十姐妹生活好几年了。朱小姐想借机逃走,但是从外面进来几个身材高大,长得像强盗的家伙。她没办法,只好哭丧着脸,看着十姐妹把她所有的财物拿走。

　　一帮女劫匪,如此猖狂和心狠手辣,也真是奇观了。但这种现象在明清是不稀奇的,而且女匪成功打劫的事在史书上记载颇多。

驴夫受骗

　　飞来的艳福相信很多男人都不愿意放弃，但是世界上没有白吃的午餐，美色当前的时候，还是应该冷静地想想。

　　有三个女人雇了一个驴夫的三头驴到某地去，驴夫拿着鞭子跟着她们赶驴。途中，其中一个少妇忽然说要到僻静的地方上一下厕所，另外两个妇人就说我们慢慢走，你们等会儿追上来。于是驴夫带着这个少妇到道旁去方便，谁想少妇上完厕所之后并不急于上路，而是和驴夫开始调情，驴夫虽然担心前面的两个人走远，但又舍不得这个少妇。于是就和这个少妇在路边行了苟且之事。等到他们又走回路上，前面两个妇人已经不见了，驴夫刚要去追，少妇装作身体不舒服的样子不让他去，并且对他说："我和你这么有情意，又怎么会让我的朋友骗你的驴呢？"驴夫只好慢慢地陪着她走。到了一个三岔路口时，少妇忽然用力赶驴，一溜烟走了。驴夫没有坐骑，只好眼睁睁地看着她走掉。

　　三头驴换来春梦一场，代价可谓不小，不知道这个驴夫被骗以后有何感想。

美人计

美人计自古有之，大到西施貂蝉被用来祸国殃民，小到平凡生活中的美人骗钱，这样的故事屡见不鲜。

西城区有一家姓李的住户，李某看到住在同一个院落里的部员沈某非常有钱，就动起了歪脑筋。李某有一个女儿年方十九岁，长得很漂亮。李某假意对沈某表示殷勤，并常常邀请他到自己家中吃饭，同时让自己的女儿设法引诱他。沈某对李家女儿果然一见倾心，此后常常到李某家中走动，并送了好些东西给他们。

有一次，李某邀请沈某到自己家中吃晚饭，等沈某坐定以后，他借口出去买酒，让女儿陪着沈某，其实是出了门躲在窗下等待时机。沈某因为李家父女态度殷勤，以为早就把自己看成了女婿，在说话行动间也就不太客气，不由得对李某的女儿动手动脚起来，再加上这天李家女儿仿佛极有情意，两人说着说着就搂抱在了一起。李某看准时机，一脚踢开门，痛骂沈某玷污自己的女儿。沈某是很要面子的人，怕被邻居们听到以后笑话，连忙向李某认错。

沈某又提出愿意马上娶李家女儿，但是李某这时倒不愿意了，说沈某品德不好，不能让他当女婿，只是要他赔偿自己女儿被他轻薄的损失，不然的话就去官府告他诱奸良家妇女。沈某迫于无奈，只好拿钱了事。

互有情意的男女之间，交往难免会有超出常规的举动，如果这样的行为被不怀好意的人利用的话，可真是有理说不清啊。

骗财新法

    有很多人结婚是贪图另一半的家世背景，女人如此，男人也不例外。

    民国时，北京城里某胡同有一天突然搬进来一个独身的小姐，随身只带着一个乳母服侍她。这位小姐对别人说自己是前清皇室的格格，暂时住在这儿，不久就会有家人来接。她的乳母又对别人说小姐现在年纪已大，所以一心想要找个好一点的男人结婚。听到消息的男人都在心里打起了小算盘，都觉得娶一位前清的格格无论是名声上还是经济上都大有好处，于是一时间来求乳母帮忙的男人络绎不绝。这位乳母做事倒也非常公平，只要是来求她做媒的，不管美丑贫富一律先收一元大洋当作见面礼。就这样过了几个月，小姐还是没有选定她的如意郎君。后来，一天晚上，小姐和乳母带着行李悄悄地溜了。

    用征婚启事来骗人，即使在现代社会也是很常见的手法。骗子们利用一些青年男女急于找到另一半的心态，把自己描绘成十全十美的人，然后下手行骗。对于这样的骗术，我们能够做的首先是要明确自己恋爱的目的，绝不能为了对方的长相和财产而去结婚，其次是要多留个心眼。试想：条件这么好的人还在到处找伴侣，难道其中就不会有问题吗？

一时性起遭诬陷

　　在旅途中有艳遇，当然是一件非常惬意的事情。但是，如果对方不是妓女，又平白无故让男人占了便宜的话，这就未免会让人怀疑她的动机了。话虽然这么说，有很多男人也明白这个道理，可是还有很多男人遇到这种情形时会不假思索就投入这些女人的怀抱，最后才发现自己上了她们的当。

　　内地的河道每天都有很多航船经过。这种航船不仅运送货物，也会搭载几个客人。有一个少年搭航船到某地，在船舱内看到一个美丽的少妇。少年试探这个少妇，她做出似乎也很有情意的样子，于是两人悄悄地共度了一夜春宵。第二天早上船马上要靠岸时，少妇忽然大叫说有小偷，说自己丢了一支金簪子。船上的客人纷纷打开自己的行李以示清白。当少年打开自己的包袱时，却发现簪子赫然在自己的包袱里。客人把少年骂了一顿，让他把簪子还给了少妇。等到少年检查自己的行李时，发现也丢了八十多个银元，他也叫嚷了起来。可是船上的客人都不相信，说他是"贼喊捉贼"。有几个好心的乘客问少年说银元上有什么标记，少年说有自家的图章。于是大家又打开行李来检查。在少妇的行李里确实有八十多个银元，可是上面并没有图章。虽然少年心中怀疑，可是没有证据说那就是自己的。原来这个少妇看到少年的包袱里有很多银元，就故意勾引他，趁着亲热的时候把银元偷走，同时把自己的金簪子放在少年的行李里，最后她又把银元上的图章抹掉，让少年没有证据证明是她偷的。

　　在船上这种密闭的空间里，要想偷东西的话，就必须销毁证据。所以，少妇先以身相许，制造诬陷少年的机会，然后再趁机偷钱，把偷的钱上的图章抹掉，这样少年就有口难辩了。

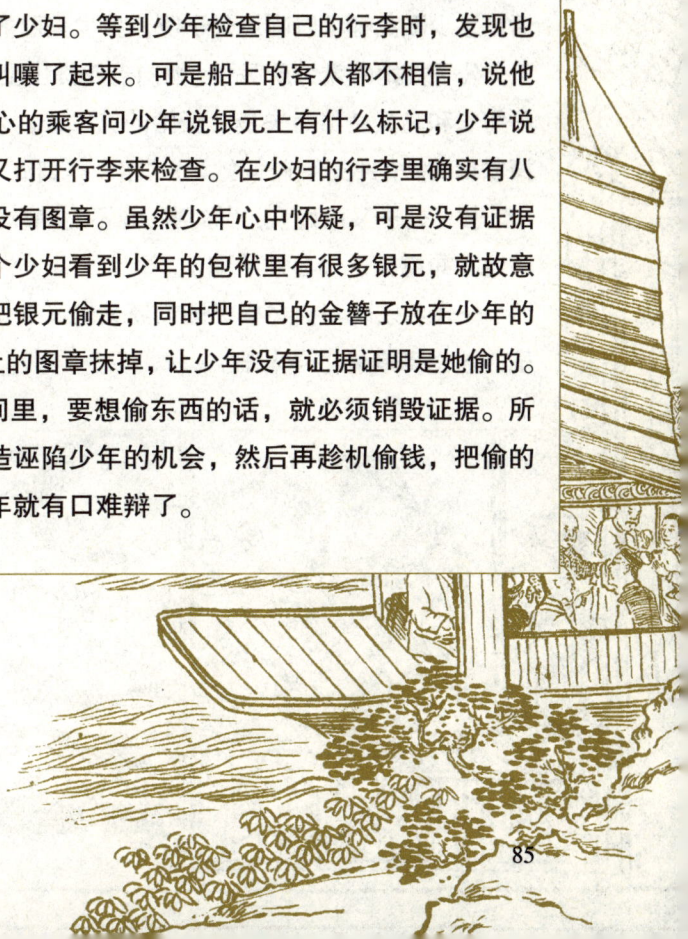

娶妓被骗

世界之大，无奇不有。既有娶了老太太的，也有娶妓女上当的。说到名妓，人们可能有各种各样香艳画面的想象，但是又有谁会想到名妓也是可以假造出来的呢？

秦淮河边的妓院里有个非常有名的女子名叫马又兰。后来有个姓陈的妓女非常仰慕她，于是也改名叫马又兰。据说这个马又兰琴棋书画样样精通，而且对客人非常挑剔，平时交往的都是达官贵人。有个浙江的公子到扬州去玩，听到马又兰的名声也去拜访她。马又兰见公子青年才俊又很有钱，便热情地接待了她。公子请马又兰为自己唱歌，她借口自己嗓子疼，让自己的婢女替自己唱。公子又请她作画，她借口手腕扭了，让自己的另一个婢女代画。公子有些不乐意，马又兰说道："唱歌作画是世界上很多人都会的事，但是马又兰只有一个。如果哪天我嗓子不疼手又能拿笔的话，多少歌我都可以唱给公子听，多少美丽的画我都愿意为你画。"

公子被她的魅力所吸引，就向老鸨提出娶她为妻。经过各种手续，公子终于和马又兰结为夫妻。新婚的第二天，公子看到马又兰脸上的妆褪掉以后满脸的皱纹。就问她说："你今年到底几岁了？"马又兰回答说五十三岁。公子又问她说："你到底会不会唱歌画画？"她回答说不会。公子这才知道被一代名妓给骗了。

一代名妓既不会琴棋书画，还又老又丑，竟然可以骗到一个青年公子，这也算是造化弄人吧。

第四节 ◎ 引嫖骗——口咽黄连苦在心

说到引嫖，就不能不提到娼妓。娼妓经常和江湖上的恶势力相互勾结实施各种犯罪。

有一种骗局叫做『放白鸽』，流行于以旧上海为中心的江浙一带，尤其在上海最为常见。放鸽子就是将漂亮的女子卖给人为妻，一段时间后，里应外合，将买妻人的钱财席卷而走。

在这样的骗局里，即使是精明的老鸨也常常会上当。因为在旧上海，虽然色情行业是合法的，但还是存在很多的限制。然而，老鸨为了多赚钱，常常冒险违反这些法律，比如说购买来历不明但是价钱比较便宜的女子。如果发现这样的女子是骗子，老鸨也只好打掉牙往肚子里吞。当然，有的时候老鸨和当地的黑社会或者警察势力勾结起来的话，即使是骗子也没有办法脱身。

贪色受骗

　　过分地追求情欲享受，往往会自作自受，遭到报应，下面故事中的这个男人就是一个典型。

　　有个住在京师会馆的男人，一次偶然在会馆的墙后见到一个长得非常标致的女子，她穿的衣服虽然有点破旧，但很整洁，令这个男人有一种怦然心动的感觉。馆里有个老妈子，负责开门关门。男人心想那老妈子或许有门路，于是塞了点钱给她，希望能通过她与那美貌女子见上一面。老妈子告诉他那女子是正经人家的女子，因为家里穷，才忍辱负重来这里卖的。她很怕被别人知道，所以要趁月黑风高才能去她那里。不能带蜡烛，不能说笑，也不能带书童。要是馆里有声响或敲钟，就别继续待在那儿，要马上离开。每晚上给两块大洋就足够了。男人满怀欣喜地按照老妈子所说去了女子那里。后来他们进行色情交易一个多月。有一天，隔壁起火，男人很惊慌，跳了起来。书童们冲进来抢救物品。有人不小心碰到被子，有个光着身子的女人滚下床来，仔细一看，居然是馆里的老妈子！每个人都呆住了。京师会馆的老鸨特别地狡猾，替男人们介绍妓女时，总是挑长得好看的，等到同房时，就偷偷换成难看的。这个老妈子长得奇丑无比，还代替别人！事后有人查明，原来男人看上的那个漂亮女子是老妈子请来的一个妓女，用来做诱饵的！

　　唉！一个愿打，一个愿挨啊！那老妈子轻松施展伎俩居然可以瞒天过海，真是罕见啊！

小客栈之美人计

　　有的客栈、旅馆被称为"黑店"，想必下面这家是比较典型的了。客栈的老板心可黑着呢，坑蒙拐骗什么都干得出来，要是瞅准了哪个有钱的房客，那人可就倒霉了。

　　有个叫沈晋良的人到上海出差，在上海法租界里陈王氏开的小客栈借宿。当晚，沈某整理完衣物，放好钱财，就安心躺下睡觉。这一觉睡得很香甜，可是到了半夜，老板娘悄悄进了他的房间，带了个亭亭玉立的美人过来，轻声问沈某要不要和她同床共枕。

　　那美人不断地搔首弄姿，企图勾引沈某。甚至不等沈某答应，就大大咧咧地坐到了他的床上。沈某觉得蹊跷，有些反感，就拒绝了。老板娘无计可施，只好和那女子悻悻地走了。等到早上沈某醒来时，检查枕头边的包袱，糟了！他发现少了一个肚兜、三块大洋、几角钱和白玉一块！沈某思前想后，终于想起昨晚那个勾引他的美人，明白是陈王氏干的卑鄙事了，他向当地法庭上诉。法官质问陈老板娘，她吞吞吐吐没说什么，法官认为此案证据不足，不予受理，只是让老板娘交了五块大洋充公。沈某虽然把持住了自己，但最后还是上当了。

　　这个案例较为普通，这种"诈骗之家"也很常见，他们往往用送妓女做幌子来行窃。善良的人们啊，出门在外时，一定要多加小心，擦亮你们的眼睛，处处提防才是！

某道员被骗

有时候卖淫女子会被某些"骗子高手"当成工具来利用，以下这例实在经典！

有一个道员，不仅非常有钱，而且喜欢美色。他的小妾成群，因此他的妻子很不高兴。当时，媒婆经常出入这位道员的公馆。有一天，媒婆突然带着一位少妇来到了公馆。那少妇身姿曼妙，特别妖媚。夫人看过之后很是喜欢，说如果能有这么漂亮的女子跟她作伴，那她就不会寂寞了。

少妇受宠若惊，笑称自己是下等人，不敢接受夫人的夸奖。她还对夫人说她丈夫一直没有工作，如果夫人不嫌弃，请让她丈夫跟随大人做事。说着说着，她就跪下了。夫人赶忙扶起她说："这件事不难办，只要你们能跟我一起共同侍奉大人，那还有什么事办不成呢？"少妇听后又再三拜谢夫人。

正在这时，道员走了进来，夫人吩咐少妇为道员倒茶。少妇一边倒茶一边向道员眉目传情，道员看得非常高兴，就问这位少妇来自何处？夫人回答说："这位少妇和她的丈夫都愿意投靠大人。"

道员会心一笑："这位少妇这么懂事，那她的丈夫也一定很有能力。我身边正缺一个能办事的人，就叫他过来吧。"少妇马上磕头称谢，道员走过去扶她，少妇就扶住道员的手站了起来，随后两人的眼神就交织在了一起。

就这样，这位少妇和她的丈夫就搬进公馆住了下来，他们早出晚归，殷勤地侍奉着道员一家。道员与少妇往来密切，而且还经常对少妇动手动脚的，少妇一点儿都不介意。但公馆人多眼杂，再加上少妇的丈夫一直都在，所以两人一直没能做成好事。

一天，少妇去书房给道员送茶，道员对她说："如果你能依了我，你要什么我都给你。"少妇也没拒绝，只是说自己的丈夫比较碍事，如果大人能把她丈夫派出去就行了。

第二天，道员把她的丈夫派出去公干。当晚，道员就钻进了少妇的家。两人正要成好事之时，少妇的丈夫突然拿着刀闯了进来。而且他还

大声地喊道："贱人，你果然不守妇道，今天被我逮个正着，你无话可说了吧。我要把你们都杀了，否则难解我心头之恨。"

少妇哭着说："不是贱妾的错，是大人逼我的，我也没有办法。"道员见矛头已经指向自己了，便想用贿赂的方法了结此事。于是他对少妇的丈夫说："我给你一个官位，此事就此了结，怎么样？"

少妇的丈夫转而变成笑脸，对道员连连称谢。临走时，他还嘱咐少妇要好好伺候道员。不久，道员让少妇的丈夫当了管家，少妇则留在内室天天伺候他。少妇的丈夫坑蒙拐骗，无所不为。一次，少妇的丈夫骗了一个富人的一万两银子之后就跑了，富人把他告到了官府。监察官知道后，对少妇进行讯问。谁知少妇说那人并不是她丈夫，她只是被雇来勾引道员的，还说事成之后，自己会分到一半财宝。听到这，监察官也没了办法，他不知道此案该从何查起了。

这个骗局一步步都设计得如此高明，可见这个骗子的智商非同一般啊！也难怪那个当官的没有将他识破，也许是因为他和骗子各取所需吧！

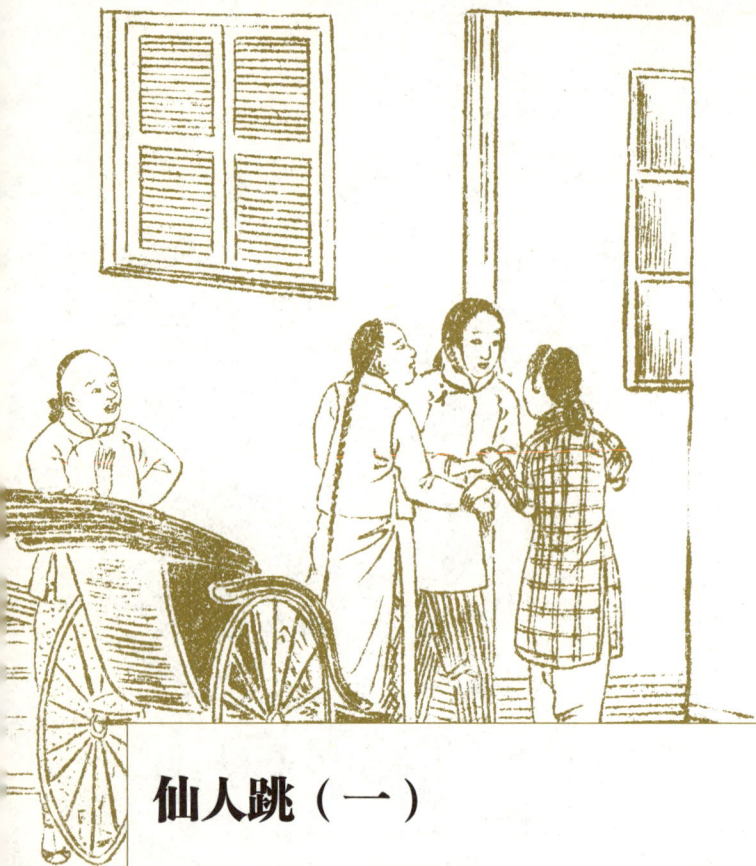

仙人跳（一）

　　仙人跳名字的来源已经不可考，但意思是非常明确的，指的是女人用身体引诱别人后，再由和这个女人一伙的流氓、打手出面敲诈。

　　上海法马路东宝兴里住着一对姐妹，都是干妓女这一行的。他们和普通的妓女又有所不同，赚钱的方法不是出卖自己的身体，而是靠敲诈客人。每天夜幕降临之后，姐姐就到马路上去搔首弄姿拉客。如果有客人上钩，她就带他回家，妹妹在家早就准备好酒食，两人一同陪着客人饮酒作乐。喝酒喝得高兴时，妹妹就会假装出去买酒，然后出门叫早就埋伏好的流氓。流氓们闯进房子后，会自称是当地的老大，而这两个妓女是他们的妹妹。然后，流氓们把客人拳打脚踢一顿，作势要打死他。而妓女们在旁边会假装好心地劝他们，并让客人破财消灾。客人往往人单势薄，打不过流氓，为了保命，当然只好乖乖地掏出钱来脱身了。这就是所谓的仙人跳。

　　如果是老资格的客人的话，能够比较容易地辨别出正常的妓女和骗子，但是对于初来乍到的外地人来说，这两者的区别就不是那么明显了。所以，仙人跳的骗局常常会找外地人来下手。

仙人跳（二）

除了上述的妓女设局仙人跳之外，还会有一种女人装成大家闺秀出去骗人。这样的骗局更具有隐蔽性，杀伤力也更大。

有一天，一个大学教授在上海大世界看戏，坐在他旁边的是一个十分美貌、衣着体面的女人。这个女人在看戏途中忽然好像很不舒服的样子，几乎要晕倒。教授就好心地扶她到休息室去。女人自称是受不了戏院里的空气，所以过了一会儿就好了。戏散场之后，女人一再邀请教授去吃饭，说是要谢谢他的救命之恩。教授面对这样美丽女子的邀约，当然不会拒绝。女人告诉教授自己以前是大学生，但是后来被父亲强迫嫁给了一个商人。商人只看重金钱，对她的精神生活一点都不关心，所以自己过得非常苦闷。教授很同情这个女人，就答应以后常常陪伴她到各处去玩。过了几个星期，教授和这个女人的感情发展得非常迅速。有一天，女人告诉教授自己的丈夫出门做生意去了，后邀请教授到自己家里去过夜。当天晚上，教授正和女人在卧室里亲热的时候，忽然有一个男人带着一帮手下闯了进来，大叫着将教授和那女人捉奸在床。他们把教授痛打了一顿，并且说要把这件事情通知报馆，让教授身败名裂。最后，教授写了一张数额极大的支票来赔偿女人的丈夫，那些人才放过他。

这个骗局中，当诱饵的女人穿着端庄，看似好人家出来的"现代女性"，连教授这样的知识分子都被蒙蔽了。

仙人跳（三）

　　女人，特别是美丽的女人，很容易就能获得男人的信任，所以，一些女人就利用自己的这种优势开始行骗了。

　　一个叫吴朝的小官人，从广州到北京来。他家里面很有钱，因为想到北京来谋一个官职，所以身边带了很多金银。他来到京城以后，因为没有走通关系，所以一直在旅店里等候消息。由于他衣着光鲜，引人注目，骗子们就盯上他了。他住的旅店是一个小宅院，里面住了一个妇女，时常娇声媚语，有时还会唱两句，唱得非常动听。小官一直想要见她一面，可是始终没有机会。一天，骗子们派一个会赌博的人，手拿一篮子黄澄澄的柑橘，来到小官面前，说是扔铜钱赌钱，赢一次一个柑橘。小官闲着无聊，当然愿意玩玩。没想到他一直输，竟然没有赢的时候，最后一个柑橘也没有得到。小官生气地起身回到自己的房间，正在一个人感叹的时候，忽然有一个小童子给他送来一篮子柑橘，说是对门那个女子送给他的。小官当然不会白要，马上回送了礼物。这样，小官就顺理成章地和女子交往起来了。这个女子自称是某官的继室，某官不在的日子，她就请小官到自己家里做客。有一天，两个人终于忍不住抱在一起的时候，忽然听见外面有马的声音，丫环慌慌张张进来报告说："官人来了。"女人大惊失色，让小官躲在床底下。官人进屋以后搜出了小官，扬言要打死他。最后自然是小官付了钱才得以脱身。

仙人跳女子受骗

如果骗子遇上骗子，那会发生什么事呢？想来一定会非常有趣。

有一个上海女人专门设置仙人跳的骗局，在马路上勾引男人到自己家里之后再让流氓威胁他。但是有一天，这个女人自己也上当受骗了。

这个女人在商店里勾引了一个"男人"带回家。按照仙人跳的程序，回家以后女人就悄悄地叫来了流氓打手，准备敲诈"男人"。哪知道这个"男人"留了一手，悄悄地偷听他们的讲话，知道自己被骗入局。于是当那些流氓冲进门来的时候，这个女扮男装的女人已经换了女装。她泪流满面地说自己是刚才那个女人的亲戚，是被她叫来过夜的。说完之后她装作发脾气把屋里的东西乱丢一气，就扬长而去了。打手们还没有遇到过这种情况，一个个目瞪口呆。原来，那个男装打扮的女人是想要骗富家婆的，她发现自己上当后急中生智换了衣服，因而逃过一劫。

在上海，危险有着迷人的面孔，走错一步便会蒙受羞辱，想逛妓院的男人必须具备机智的头脑，对娼妓业的内情要了如指掌才行。

①　　　　　　　　　　　　　　　　　　　　②

　　清末民初时候的婚俗婚礼是颇为讲究的。一般人家在订婚之前都会先打听对方的家世背景及更详尽的情况，包括门第、门风、家族病史等，认为门第相当，才由媒人从中撮合。待男女双方家人同意后，媒人就会取女方庚帖，庚帖上面详载女之生年、月、日、时辰，送到男方家。男方家请算命先生或私塾先生，按男女八字算是否吉利，属相是否相合，俗称"合婚"。

　　然后是定婚礼，俗称许口。先由媒人与女方家议定彩礼数目，男方家备齐彩礼后，择吉日，用两架大食盒，一个食盒里放彩缎、衣料、礼币和红礼单。一个食盒里放香烛、酒肉、礼馍、油炸果食、点心等。每个食盒格里都放得满当当的。女方家验收无误，全部收下，放炮庆贺。男方家人回去时，女方家将事先做好的袜底、袜子、枕头、腰带、新鞋以及礼馍，用红线绑好，放到食盒里，作为"回礼"。

　　如男方家欲完婚，就要先"看好"，也就是"看日子"。一般是由"先生"选定吉日，写在一片红纸上，然后男方家再买两包点心，请媒人给女方家送去，并与女方父母商量"行礼"之事。如果能够取得女方家同意，男方家就写下行礼日期。

　　旧婚俗中，迎亲这天最红火。男方家大体分两班人马：一班人招待宾客，一班人去女方家迎亲。一大早，男方家先去女方家数人，即将陪嫁妆奁抬回，

旧婚俗

俗称"抬箱"。之后，这班人陪新郎迎娶，新郎骑马，前后两个"引亲"人，后边两个"娶姑"的，俗称"压头面"。起行时，爆竹震天，锣鼓齐鸣，唢呐班在前，打锣的、牵马的、扛雁牌的、夹拜匣的，簇拥着花轿，前呼后拥，浩浩荡荡来到女方家。

新郎和"压头面"的人被迎进正屋，女方家端上菜肴款待，开始动筷前，由引亲的拿两个馍，掏出馍瓤，夹一些肉菜，两个馍合到一块儿用红布包上，红绳绑住，要亲人拿回，准备新婚夫妇入洞房后吃。饭后，新郎由引亲人陪伴，到女方祖先灵牌前进香。新郎向灵牌作揖下跪，奠酒三盅，然后由牵马人引到院内，给女方父母、长辈行跪拜礼。

此时，新娘子已头戴凤冠、身穿礼服、蒙红头纱，在礼乐声中入轿。三声炮响后，新郎上马，花轿抬起，所有迎娶人等按顺序站好返回。这时，一般女方家要有两个送姑骑马，其他送亲人护轿同行。在路上遇丧仗队或新坟，要以红毡盖轿顶。遇路边井台，则以红毡盖井。进男方家村子时，要放三声鞭炮。

新娘花轿未落地，一人点燃鞭炮，绕轿一周，之后落轿，由娘家送亲人挽新娘进院。一路上红毡铺地，男方家人一人持五谷篮随新娘边撒边走，俗称撒五谷。新娘子进房，坐床上面向喜神(墙角)，接着开筵款待来客。

待客毕，新夫妇出房，同立天地桌前，三声炮响，乐人奏乐。唱札人始唱：一拜天地，二拜高堂，三拜亲属来宾；按辈分大小，依次拜揖。拜罢天地，新夫妇进房吃合喜面，饮交杯酒。然后，同龄人聚集喜闹，俗称"闹房"。新婚夜闹房时，青年及小孩们挤满新房，地下炕上都是人。有的叫新夫妇说绕口令，有的叫两人推小车，有的叫两人"过天桥"，热闹异常。当然，也有在婚礼上搞恶作剧的。

解放后，旧婚俗中的一切陋习都被废除，实行男女婚姻自由。1950年，我国颁布《婚姻法》，规定男女婚姻受法律保护，父母、亲属不得强行干预儿女婚事。只是，旧的婚俗还时有沿袭，或者改头换面，比如昔日的媒人，改称介绍人，但是仍然比旧俗前进了一步。

君子可以欺之以方，然诡诈之计可一而不可再。
故天下之诈，莫不趁良善之不备。试问心怀坦荡，胡可欺耶？

第三章

巧取豪夺篇

◎ 贪人一杯酒失 却满船鱼

巧取豪夺，指的是不管是用温和还是强硬的手段，归根究底就是把不属于自己的东西抢过来。我们下面要讲的种种骗术，就是为了让大家了解骗子们的手法和心理，有备无患。

第一节 ◎ 脱剥骗——袖里藏刀不露锋

脱剥骗是指制造假象从他人处骗得物品和金钱。这里说的假象包括各种情况，有的是骗子故布疑阵，有的是骗子利用不知情的人来设置骗局，也有的时候可能只是利用受害人的心理误区来达到目的。

认丐婆为母行骗

乞丐在马路上常可见到，人们除了对他们产生同情或厌恶的感情之外，很少和他们有实际接触。但是，有一些骗子竟然能够把歪脑筋动到这些乞丐身上。

有一个当官的人在路上走的时候看到一个要饭的老太婆。当官的说这个老丐婆是自己失散多年的母亲，就用马车把她接到家里。回家以后，当官的让人把老丐婆装扮一新，俨然是一位官家老太太。

过了两天，当官的带着老丐婆出去买东西。他们先到一家参行里买了若干银子的人参，然后叫参行的伙计拿着人参一同去了一家绸缎铺，说是等买了绸缎再一起付钱。当官的让老丐婆随身带着一个大包袱，说里面装着上千两银子，全是为了给老丐婆添置衣服用的。绸缎店的老板非常殷勤地招待他们，为他们挑选了价值三百多两银子的布匹。当官的让仆人把挑好的东西先拿回家，说省得等会儿拿不下。然后他又让老丐婆挑更多想要的绸缎。挑着挑着，当官的忽然说自己腹痛难忍，要上茅厕，说着就出去了。绸缎店的老板等他回来，怎么等都等不到。他询问老丐婆，才知道老丐婆根本不是当官人的母亲，再打开那个包袱，里面只有石头而已。

脱剥骗的一大特点就是利用抵押东西来达到骗取财物的目的，但是这个故事中的骗子竟然能够想到利用不认识的乞丐婆来当抵押，可谓"别具一格"啊。

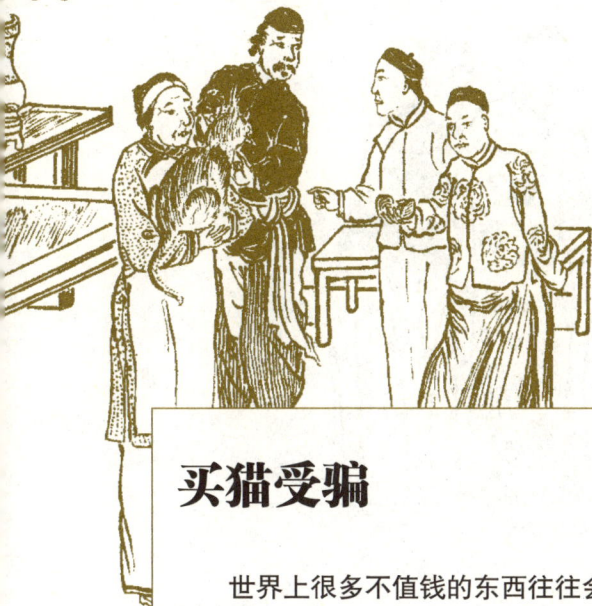

买猫受骗

　　世界上很多不值钱的东西往往会因为人们的好奇心而身价大涨。有的骗子就利用人们对于珍奇物品的好奇心制造神秘感，最后把不值钱的东西卖出高价。

　　京城中有一个卖熟肉的，叫孙三。他每天出门做生意之前总会在家门口嘱咐自己的妻子说："你好好在家照顾我们家的猫。千万不要让它饿着，也不要让它跑出去。京城里只有一只这样的猫，千万不要让人把它偷走，不然，我活着也没有什么意思了。"说的次数多了，邻居们都知道孙三家里有一只珍奇的猫，但都没有亲眼见过。有一天，这只猫忽然挣脱绳子跑了出来，原来这是一只全身通红的猫。尽管孙三的妻子马上就把猫抱回了屋子，可还是有很多人见到了。有人把这只猫的事告诉了专门搜集珍奇的商人，商人于是上门向孙三求购，孙三开始时死也不同意卖猫，但是商人屡次上门，并把价钱越提越高，孙三终于答应了以高价把猫转让给商人。商人把猫带回家后每天仔细地喂养，准备进贡给皇帝。哪知道一个月以后，猫身上的红色慢慢褪掉了，变成了一只普通的白猫。商人仔细看那红色，发现原来是用给马用的染料染的。等到再回去找孙三一家时，他们早就搬走了。

　　把普通的猫染色以后当作珍贵的猫来贩卖，这样的故事很常见。但是孙三并不满足于此，他制造了一只独一无二的红猫，又故意用神秘感加强大家的好奇心，这真是一个精心设计的骗局啊。

买皮袍受骗

　　北京城郊一个很偏僻的地方有一个黑市，所谓黑市说白了也就是小偷们将偷来的东西卖掉的地方。每天天还没亮的时候，"工作"了一个晚上的小偷们就聚集到这里，把自己偷到的各色赃物以极低的价钱脱手。

　　刚开始时，有很多人在黑市上买到了很稀有珍贵的东西，而价钱不过是正常的几分之一甚至是几十分之一。有如此的好事，因此黑市便热闹起来。

　　但是，随着黑市的名声慢慢变大，来买东西的人越来越多，骗子便也混迹其中，抓住买主贪便宜的心理，趁机行骗。

　　有个上京赶考的王姓江西人，人称王孝廉。王孝廉某天听人说起黑市，思量着也要买一点便宜的好东西，便赶了个大早跑到黑市去了。

　　在黑市上，王孝廉正好看到有个人说是刚从某个大宅子里偷了几件衣服出来，愿意贱卖。其中有一件羊皮的袍子，用的是上好的皮子和胡绸，看上去就像新的一样。

　　王孝廉看这袍子如新的一般，样式自己又非常喜欢，于是出价四两，将皮衣买了回来，回到客栈后王孝廉得意洋洋，逢人便吹嘘自己捡了个大便宜。

　　同来赶考的人中有听说过黑市中骗子横行，便劝王孝廉说："先生先不要得意，这黑市的名声不大好，常有人上了骗子的当，您还是先检查检查这袍子有没有问题吧？"

王孝廉开始还不相信，后来与众人一起仔细检查这件袍子，发现皮袍竟然是用皮纸做的，上面粘了一些羊毛而已。王孝廉顿时大怒，连声痛骂这骗子。

骂了一会儿，他忽而哈哈大笑起来。旁人都不明白，他说："这些小人居然敢骗我，我读了这么多年圣贤书，难道会比他们笨吗？我就不会去骗他们吗？"

第二天，他又起了个大早，带了那件假皮袍赶去黑市，并轻轻松松地以六两银子的价钱转卖了出去。一来一去不仅没有损失什么，反而还赚了二两。

王孝廉回到客栈后比前一天更加得意，他大笑着向众人说道："难道那些小偷骗子能骗得了我吗？看我把他们骗了，他们还不知道呢。"

同来的人又劝他说："您还是不要看轻京城的骗子，他们的伎俩高明得很。恐怕不是我们能够想到的，您不妨先检查一下您收到的银子，看看是真是假。"

王孝廉说："银子怎么可能是假的呢？"说着王孝廉从袋内取出银子，众人上前一看，才发现那银子只是一块铅锭而已。

看这些骗子的手法有多么各式各样，真是都不给人以喘息的机会。所谓"道高一尺，魔高一丈"。因此千万不要贪图那一时的便宜而上了骗子的当。骗子专门从事这个行业，一定会有数不清的招术来骗人，所以还是规规矩矩行事比较好。

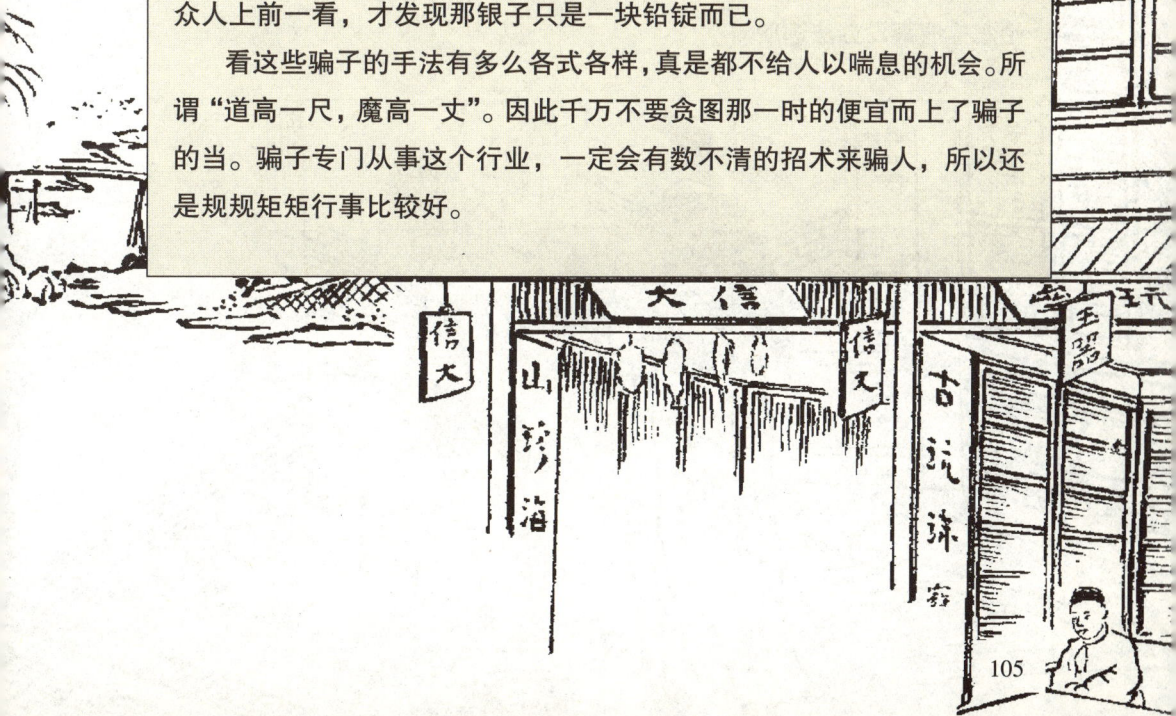

买呢褂受骗

　　上文刚说到有人买皮袍买到纸做的，下面再讲一个买呢褂上当受骗的故事。

　　某孝廉到北京参加会试，一天去琉璃厂闲逛，看到有一个乞丐拿着一件蓝色呢褂在街边叫卖，看上去是偷来急于脱手的样子。某孝廉上前问价，得知呢褂只要二两银子。某孝廉觉得很便宜，就掏钱买了下来。他拿着这包衣服回到旅馆，洋洋得意地说："谁说北京物价高，我用二两银子就买到了好东西。"大家都不相信，让他打开包袱，打开包袱一看，里面却只有一包烂泥了。大家都笑话他说："你买了呢褂，现在果然成了泥褂了。"有知情的人告诉他说："这是骗子的一种方法，等你付钱以后就装着把衣服包起来，其实暗中偷偷地给你掉包了。"又有人说："如果你死死地盯着他，不让他有机会掉包的话，旁边就会有他的同伙跑出来，说是捉贼拿赃，还要把你送到衙门里去。这时你只好再拿出钱来贿赂他以便脱身了。所以碰到这种情况，怎么样都逃不出骗子的圈套的。"

　　骗子们的伎俩花样百出，就比如这个故事里的主人公，只要他一被卖东西的骗子吸引，就一定会上当。骗子们布好了一个接一个的骗局，无论怎样他都没办法逃脱。

买当票需留神

　　有的人因为每天接触到的都是数额很小的钱，所以自认为不会上当受骗，可是偏偏就会有骗子把目标锁定在这些人身上，因为对他们行骗的话，成本不高，危险性也不大，细水长流，还是有利可图的。

　　去当铺当东西换钱大家都知道，其实当票还可以再换一次钱。清末至民国时，有很多穷人把东西当了以后，知道自己没有钱赎回来，便直接把当票卖给一些生意人，好再换几个钱。而这些生意人买了当票以后去当铺把东西赎出来，再按高价卖出，赚个差价。

　　有个学生打扮的人常常到当铺去当不值钱的假玉假眼镜，然后把当票卖给买当的。他买假玉假眼镜不过花几文钱，然后到当铺去当差不多同样数目的钱。最后他把当票卖掉的时候就赚钱了。而买当票的人即使去赎了东西出来也绝对卖不出买当票的钱数。

　　利用差价来骗人也是一种常见的方法，由于中间的环节多，所以买当票的人很难当时就发现自己上当受骗了。

骗幼女的铜炉

　　骗子可以同时有多重身份，比如商人，比如教师，在下面这个故事里，骗子似乎还是一个语言学家，他竟然能够利用谐音，达到迷惑别人的目的。

　　正赶上数九寒天，有个苏州的乡下老太太让她的孙女自己到门外玩，并给了她一个铜炉取暖。小女孩在稻场上玩着，忽然有个人走过来对她说："我就住在前面那村，现在借你的铜炉用用，我姓华，名白相。你家大人要是问起来的话，你就这么告诉他们。"说着，他拿过铜炉就走了。小女孩大声叫着奶奶，说是有人拿走了自己的铜炉，老太太在里面听到了，忙问是谁拿走的，小女孩就说："华白相。"原来苏州话里华白相的意思是"说着玩儿"，所以老太太以为是孙女在开玩笑，也就没有在意。等到老太太做完家务出来时，才发现小女孩的铜炉真的被人拿走了。

　　这个故事中，骗子掌握了小孩说话的特点，利用谐音来蒙混大人，可谓高明。和那些大奸大恶的骗子比起来，我们还要对他说一句佩服呢。

奇骗翻新

骗子们照例来说应该非常害怕和官府打交道,但是有些聪明的骗子不仅不害怕,还能够利用官府作为自己行骗的工具,其手段可谓高明。

有个衣冠楚楚的人去拜访杭州城内的一个少尉,他说自己家是有名的书香门第,但自己的外甥非常不像样,吃喝嫖赌样样俱全,请少尉帮忙教训教训他。不管是打是骂甚至是关两天都没有关系,少尉一口答应。第二天,这个人果然带了一个年轻人来到少尉那里,他找个借口马上就走了。少尉于是派人把这个年轻人捆了起来,让他好好想想自己的过错。哪知道这少年十分惊愕,辩解说自己只是一家绸缎行的伙计,刚才那个人在他家店里买了东西后带他来这里拿钱。少尉才知道自己被人利用了,等他派衙役再去抓那个人的时候,那人已经不见踪影了。

古代家族中的长辈有权力要求官府对本家族内的年轻人加以惩罚,所以官府对于这样的要求见怪不怪,想不到骗子们也懂得了利用这一点。

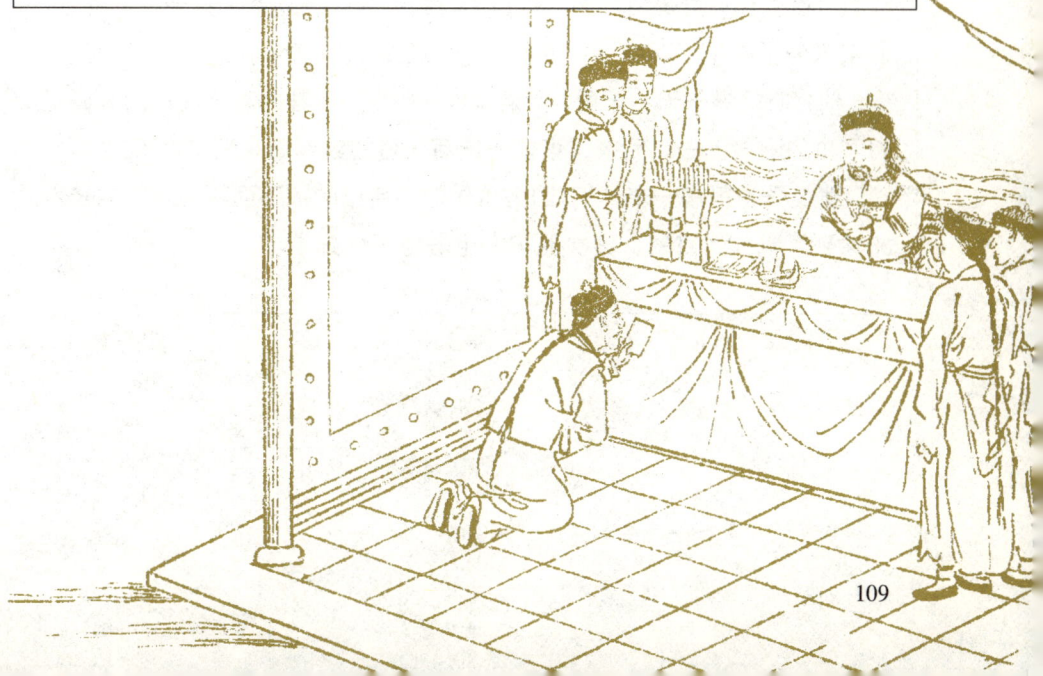

购古画受骗

　　购买古董容易上当,这是因为伪造古董的技术越来越发达。但是,有的时候,骗子只用简单的圈套,甚至不需要作假,就可以把假的古董卖出去。

　　南京城内有个张公子生性风雅,又乐善好施,常常给贫苦百姓施舍。但是,住在这位公子隔壁的是个非常吝啬的商人,从来不做好事。张公子就想教训他一下,张公子打听到这个商人最喜欢收集珍奇的东西,便设了一个圈套。

　　张公子邀请这位商人到自己家里来喝酒吃饭,商人欣然前往。这一天烈日高照,张公子客厅里挂着一幅古画,画的是一个旅人在烈日下行走。吃着吃着,外面忽然下起了雨,忽然有一位同席的客人叫道:"看,画中人怎么撑了伞了?"众人一看,果然刚才空手的旅人不知何时手中多了一把伞。张公子神神秘秘地告诉大家:"这是我最近搞到的一件宝物。如果外面的天气发生了变化,那画中人的装束打扮也会发生变化。"商人一听,就开始活动心眼了。酒席完了以后,他就向张公子提出要买那幅古画,张公子开始还装出非常为难的样子,后来商人把价钱越加越高,张公子终于忍痛割爱似地说:"看在我们是邻居的份上,就卖给您吧,请您一定要好好保存它啊。"商人付了一大笔钱把这张画买回了家,并每天观察上面的人有什么变化,可是自从买回来以后,画上的人一直都是打着伞的样子。原来张公子准备了两张一样的画,一张上的人打着伞,而另一张上则没有。他打听好哪一天会下雨,便请众人来吃饭,趁着大家不注意的时候把打了伞的画换上去。后来,张公子把商人付的钱都用来做了好事。

　　张公子也算是一个雅骗。因为首先他用自己的头脑而不是造假的技术来达到了骗人的目的,其次他骗人也是为了做好事。

购水茧受骗

古人虽然没有系统的科学知识，但是已经了解了很多生物、化学、物理方面的知识。骗子们也会利用这些简单的知识来设计一个个骗局。

南昌有个钱先生喜欢收藏古董。有一天，有一个贩卖古董的商人拿了一个古代的盒子来请他看。盒子里装的是一个长得像茧但是大小和葫芦差不多的白色的东西，仔细看还可以看到里面仿佛有青色的东西在动，摇一摇也有声音。古董商说这是一个官宦家里世代相传的宝物。现在因为官宦家道中落，不得已才拿出来卖的。这个宝物奇妙的地方在于，放在水里不会变湿，用火烧也烧不坏。钱先生开始还不相信，但是正好在他家做客的董先生说自己曾经在古书上看到过这种东西，是一种有棱角的鱼结的茧，叫水茧。钱先生让人端水出来试验，果然这个茧不会变湿，用火来烧了一下也没有变化。钱先生信以为真，就花重金买下来了。后来有人告诉他，这个茧只不过是用丝缠绕后涂上白蜡，所以不怕水火。而那个董先生和古董商人也是一伙的。

第二节 ◎ 丢包骗——贪小便宜吃大亏

丢包是指利用某些东西来诱惑别人，进而达到骗人的目的。大部分时候，骗子用来当诱饵的东西是假的，而骗到的东西则是真的，用这种以假换真的手法行骗得到的东西的价值是非常可观的。

马扁新奇

　　假冒富商的儿子去上门行骗是一项非常冒风险的活动，但是如果骗子的骗术确实高明的话，收获往往会很大。

　　广东惠郡归善县有个无赖杨某打听到当地富豪罗某家只有一个独生子，但是这个儿子很小的时候就被人拐卖了，据说是卖到外国去了。杨某于是买了一身洋服穿戴起来，又伪造了两千元钱的外国汇票，到罗某家里去认亲。他自称是罗某的儿子，在外国多年，所以相貌声音都有所改变。罗某开始不敢和他相认，他又把平时打听到的罗某家里的一些事情述说了一遍，罗某这才认了他。

　　杨某又拿出那两千元的假汇票，说是在外国做生意赚的，特意拿回家孝敬父母。罗某看他一片诚心，就让他和家里的童养媳正式拜堂圆房。过了一段日子，罗某又把家中的一些生意交给杨某。杨某趁机把罗家的钱偷了出去。后来，杨某偷钱的事情被罗某发现，他于是拐了那个童养媳一起跑了。

　　这个故事里的骗子把握住了很关键的两点，所以才能行骗成功。一是罗某的孩子自小就被拐去了，所以骗子不需要讲述很多罗某家的内情来证明自己。二是骗子虽然回家认亲，但是装成了有钱人，所以使罗某一家的警惕心放松了，觉得他不会是来骗钱的人。

冒宰相子行骗

　　人的心理是很微妙的，可能明明对对方有所怀疑，但是只要对方表现出生气恼怒的态度，这个人就会不由自主地相信对方了。

　　有个中丞是靠当朝宰相提拔的，所以对宰相感恩戴德。他在南京做官时，有一天，有个自称是宰相公子的年轻人来拜访他。公子在言谈中流露出想要借钱的意思。中丞留他在自己家里住了几天。这少年穿戴华丽，言谈举止也很浮华。中丞知道宰相生性朴素，所以不由得有些怀疑。但是他只是在宰相的公子很小的时候见过他一面，现在已经完全认不出来了，所以也没办法辨别真伪。后来他在检查旧物时发现宰相公子以前写的一个扇面，上面书法秀丽。他就想靠书法来试一试这个年轻人。他摆了一桌酒席请这个年轻人，酒到一半，他让人端上笔墨纸砚，说："公子年少才俊，不知道可不可以写一幅字给我，也好使我的客厅蓬荜生辉？"这个年轻人却一摔筷子，大骂道："你是不是在怀疑我不是宰相的儿子？既然如此，我再待在这里也没有意思了，我现在就走。"中丞一时不知该怎么好，又怕得罪宰相，连忙拉住他赔礼道歉。之后，中丞借了两千两银子给他，并恭敬地送他离开。

　　过了半年，忽然又有个自称宰相儿子的年轻人来访，他衣着朴素，谈吐有理，中丞请他写几个字，他也欣然同意。中丞把他写的字与自己收藏的扇面一比照，果然笔迹一样，中丞这才知道自己上了骗子的当。

　　假冒宰相儿子的年轻人非常狡猾，虽然露出了一些破绽让中丞有所怀疑，但是他在气势上压倒了中丞，所以最后还是行骗成功了。

骗老妪铜炉

　　有的时候骗子所要骗取的东西可能并不是那么显眼，所以人们就会在不经意间上当。

　　有一群无赖上酒楼吃饭，可是吃了一半才发现没钱付账。其中一个说："不用慌张，我一会儿就带着钱回来。"他向酒楼借了一个大碗，装了几样点心在里面。然后端着这个碗上街转了一圈，他正好看到有一家小店里有个老妪在用一个大铜炉取暖。这个无赖笑吟吟地走进去说："老妈妈，我是某某人家的小厮，我家主人今天为母亲祝寿，特地派我送几样点心来给您。"这老妪忙起身致谢。无赖又说："这个碗我呆会儿要拿回去，麻烦您自己拿个碗来把点心装起来。"老妪起身到里屋取碗，无赖趁机就把铜炉抱走了，并随手就拿到当铺当了钱回酒楼付了账。

　　仅仅是一碗点心，骗到的也只是一只旧铜炉，但是这个无赖能够用人际间的正常交往骗得老太太的信任，还真是很会算计的人啊。

瞎子行骗

越是不引人注目或者不会让人与骗子联系在一起的人，行骗成功的机会也越大。某些情况下，他们甚至不需要很高的骗术就可以骗得大家的信任。

一天下午，某公馆的一个仆人闲来无事就跑到街上溜达，猛然间他发现在街边替人算卦的那个瞎子看起来很眼熟。想了半天，他恍然大悟，原来那是他的旧识。

于是仆人走过去跟这个瞎子打招呼，两人由于好久没见，就在街边热闹的聊了起来。聊了一会儿后，瞎子便邀请仆人去他家里坐一坐。盛情难却，仆人推辞不了，就跟他去了。

瞎子的家是两间小房，房屋已经破旧不堪，勉强能够遮风避雨。瞎子还有一个女儿，年仅十四岁，一直都是她在照顾瞎子。

仆人与瞎子的女儿打过招呼之后，便又同瞎子聊了起来。但过了一会儿，瞎子好像想起什么似的，开始在屋里摸索着找东西。他东摸摸，西找找，好像很着急的样子。仆人和小女儿问他在找什么，他说他不知道把刚刚从外边拿回来的一个包袱放在哪儿了。

仆人想了又想，他记得瞎子回来的时候手里根本没有拿着包袱，他以为瞎子记错了，于是就对瞎子这么说了。谁知瞎子一口咬定自己回来的时候是拿着包袱的。

就在两人正在争论的时候，瞎子的小女儿发话了，她说："父亲，我刚才看见您的这位朋友刚刚在进门时把包袱递给了另外一个人，让那人拿走了。"仆人不明白怎么回事儿，便大喊冤枉，并急忙辩解。谁知瞎子父女不但不听他解释，还大喊大叫起来。附近的人听到喊声都跑来看发生了什么事。大家看到是一个瞎子和一个小姑娘说仆人偷了他们的包袱，当然都相信了，于是一起把仆人送到警察局去了。警察让仆人赔偿瞎子的包袱，不然就蹲两天监狱。仆人出于无奈，只好拿钱销灾。

瞎子和小女孩都是弱者，所以他们说的话警察当然相信了，而作为身强力壮的仆人，尽管没有证据证明他偷了包裹，但是警察在第一印象中已经为他定罪了。

珠宝肆被骗

双簧是一种表演手法，但是如果运用在骗术中的话，也会有意想不到的作用。

南京城里有一家珠宝肆，某天接待了一个客人，这个客人拿出一对白玉花瓶、还有翡翠如意和玉扳指各一个，说是祖传的宝物，因为手头拮据所以要出卖。珠宝肆的老板鉴定以后认为这些东西最多只能卖四五千两，这个客人一口咬定能卖两万两。双方谈不拢价钱，最后商定把这些东西放在珠宝肆寄卖，等卖出以后给珠宝肆一些回扣。过了几天，有个上海客人到珠宝肆来买东西，他看到那个客人寄卖的宝物以后非常感兴趣，好像很想买的样子。珠宝肆的老板趁机向他要价两万五千两，这个客人连价都不还，一口答应了。双方说好十天以后交钱拿货。

到了第九天，卖东西的那个客人忽然来到珠宝肆，自称有急事当天晚上要走，想要来拿钱。珠宝肆的老板劝他等到明天成交以后再走，可是他怎么也不同意，说情愿把东西拿回去。珠宝肆的老板算了一笔账，心想到了明天就可以把那些东西卖了赚五千两银子，于是就自己掏腰包先付了两万两银子给那个人。到了第二天，珠宝肆老板等了一天，那个说好要来的客人始终都没有来。他又抱着希望等了三天，才终于意识到上当了。

珠宝肆老板原以为可以大赚一笔，结果花了大价钱只买了一些不太值钱的假东西，蒙受了巨大的损失，问题就出在他没看清楚对方演的是双簧。

第三节◎诈哄骗——毒蛇口中吐莲花

说谎是一件不好的事情，这是每一个孩子从小就受到的基本教育。当小孩长大以后，虽然会因为客观环境的要求偶尔说一些谎，但是总的来说，人与人的交往还是应该以诚信为基础。当然，对于骗子来说，这些顾及就不存在了，因为有一种骗子是专门靠说谎谋生的。

购枪舞弊

　　贪官污吏们利用国家权力中饱私囊，引起极大的民愤。而且他们的行为在给国家造成损失的同时，还有可能导致国家军事力量的削弱。下面这个故事就提醒我们要注意那些只顾个人不管国家的官员们的罪行。

　　外国列强敲开中国的大门以后，战事不断。当时的清政府以及各个地方政府和军阀都积极地储备军火以应对这种情况。

　　有个山西候补知府董某向醇亲王密报说，当时的一个大军阀陈怡恭，从一个俄国的军火商人那里购买了新式火枪三十杆，子弹三百万颗。董某说自己认识那个军火商，从陈怡恭和他的交易来看，这个军火商应该是可靠的，所以他竭力建议醇亲王也购买一批军火来作为国家储备。并且董某把军火的价钱也都打听好了，枪是每杆九两银子，子弹是每颗二分银子。醇亲王看他说得头头是道，言辞非常恳切，就听信了他的话。醇亲王委托自己的手下——曾经出过国的蔡别驾负责这件事。蔡别驾考察了那个军火商提供的枪支弹药以后回来报告说，这批军火的质量非常好，而且价钱便宜，值得购买。醇亲王于是准备派人拿钱去买。有个出使日本的大臣徐星听说这件事以后急忙派人调查。他认识的日本横滨的领事官员通过一个美国商人打听到那个俄国商人和陈怡恭是一伙的，他们卖的枪支已经腐朽得不能用了，是俄国国内淘汰下来的，每一杆枪不过价值几分银子。徐星急忙把情况通报给醇亲王，阻止了这桩买卖。醇亲王听说受骗后立即派人捉拿了董某和陈怡恭。

　　这两人利用给国家购买军火的机会想要骗钱，他们的行为和汉奸又有什么差别呢？

凭空栽赃

　　栽赃陷害是小人们常用的一招阴毒的计谋,但是不可否认,有的时候被陷害的人如果没有证据洗清自己的话,那么小人们的阴谋便会得逞了。

　　姑苏城外,铁饼巷中,有一处地方风景不错,茂密的丛林中有个永定寺。一年前,几个僧人造了一座简朴的寺庙,后来他们想筹集一笔款子将寺庙建得像模像样一些。不久后,有个富商出钱为他们造了梵宇,这座梵宇确实为此地增色不少。附近地区的善男信女,好结禅缘的人,都在这里出入。不知道招谁惹谁了,这片清净之地被一帮地痞恶棍看上了。他们想诬陷这个寺庙,却总也找不到机会。后来有个姓荣的厨子,他老婆带着个烟瘾很大的儿子来了。她知道这里的和尚有戒烟的方子,就求和尚把这个方子抄录下来,为儿子除掉烟瘾。那帮地痞恶棍瞅准时机,带着一大群人来,用各种各样的脏话来诬陷寺庙的和尚。又要挟和尚们只要给钱就可以息事宁人。碰巧有总巡来查访,听说此事,查办后事情才水落石出。

恶棍骗人全家眷属

在骗子的字典里，是没有友情这两个字的。他们只知道利益、利益、利益！利益面前，再铁的关系，再深厚的感情都是枉然。

邱银力，福建厦门人，年轻的时候他和一个名叫阿远的人是朋友，两人从小就结下了深厚的友谊。后来，邱银力经人介绍，去新加坡闯荡经商。出门前，他将老婆谢氏托付给岳父家。没想到三个月后，阿远伪造了一封邱某写给谢氏的信。信中说让阿远接谢氏到新加坡，他（邱某）已经在新加坡奠定了很好的基础，想接家人一起去享福。谢氏看到日思夜想的丈夫终于来信，高兴之下也没有辨别真伪，就信以为真了。顾不上多想，她就整理家中值钱的东西和一些随身衣物，带着母亲和小妹，一行三人跟着阿远出发了。她们哪里知道，阿远根本不是带她们去新加坡。不久以后，邱银力真的写信回家了。谢氏的弟弟接到了信，才知道她姐姐一行人是被阿远用一封假信拐走了。但是此时已经无处寻找那失踪的三名妇女了。阿远的作案手段实在令人不齿，不知道地方官要怎么惩治这个卑鄙至极的小人呢！

友情在阿远的心里轻如薄纸，不值一提，在利益面前，他和邱银力的一切情谊都烟消云散了。将邱银力的家人卖个好价钱，才是阿远最关心的事，为此他昧着良心，欺骗了谢氏，给邱银力一家造成了难以想象的伤害。

饭店中的骗子

　　人在旅途，总会认识不同的人，但难保也会认识几个骗子。

　　有个嵊县人扛着行李打算搭船去杭州做买卖。在码头等船的时候有个人和他搭讪，说是也要去杭州，想和他结伴而行有个照应，嵊县人就答应了。那人又说时候尚早，想邀请嵊县人到饭店去吃午饭。到了饭店，两人一边吃一边谈，很快就成一对好兄弟了。酒足饭饱之后，那人对嵊县人说："从这里到杭州要走好几个钟头，路上一定会肚子饿，不如你去买一些点心我们路上吃吧。"说着从自己钱包里拿出几十文钱递给他。嵊县人拿了钱走到楼下的点心店买完点心再回饭馆，那个人连同嵊县人的包裹都不见了。饭店的伙计也说不知他哪儿去了，嵊县人这才知道自己被骗了。

　　在火车、汽车上，几句话的搭讪就变成朋友的情况并不少见，但是在互相了解之前，还是要小心自己的财物。

诓骗名声

骗子们大多骗的是金银财宝，但是也有人会想要骗名声。

前任山阳县县令陈子廉因为政绩不佳被降职到别的地方当官。他临走前几天吩咐县里的地保说："我离开山阳县的那天，只要有人到码头去送我，我就赏小洋二角。另外，送的人手里必须拿着香烛，否则不给钱。"地保把这个消息告诉了县里的百姓，穷苦人家一算，买香烛的花几文钱就可以换来小洋二角，实在是一笔好买卖，于是大家纷纷准备好香烛。

到了那一天，在码头上送县令的人不计其数。陈子廉微笑着向众人告别，径直走上了船。等到他的船开走了，大家纷纷向地保要钱，可是地保并没有从陈子廉手里拿到钱。原来这位县官是想既不花钱又让百姓夹道欢送他，好留个好名声。

这个地方官在位的时候一定不是一个好官，所以才会在离任的时候担心没有百姓为自己送行。但是用这种手段得到的名声，实在不值得肯定。

冒官骗钱新法

古代信息不发达，官府和百姓的联络常常需要依靠各种传单。而派送这种传单的人一般来说是要收一些跑腿费。骗子们就把脑筋动到了跑腿费上面。

日前有人拿着用木板印刷的杭州劝业总会的传单到各家商店去散发。传单的内容说的是让各商家在某月某日派人到劝业总会开会。在传单的右下角写着一行小字："收到传单之商家要送给发传单的人七十文钱。"由于这种用于通知的传单商家们常常收到，给送传单的人钱也是惯例，所以商家老板很爽快地给了钱。

到了某月某日，各商家派人去劝业总会开会，劝业总会的人却茫然不知，问他们为什么来。商家的伙计们拿出传单，劝业总会的人一看，传单根本不是他们印刷的。

各商家虽然损失的都是小钱，但骗子们能想到这样的办法也实在是颇费心思啊。

骗密保

密保其实是后门的一种，但是有的正直的大官不愿意保举没有才能的人，那些想要走他的门路的人就只好想别的办法了。

有个姓曹的湖南人，一直想得个一官半职，苦于没有门路。后来他听说有个姓彭的高官非常受上级信任，只要是他推荐的人，就一定能当官。但是这位彭大人为人刚正不阿，只赏识有才学的人。于是曹某想了一个办法，他花钱买了一本数学方面的专业书稿，把上面的作者名改成了自己的，然后他又用重金买通了彭大人的一个贴身侍卫。

这个侍卫每天都装着在仔细研读这本书的样子，久而久之，连彭大人都注意到了。彭大人叫他把书拿来看，发现这是本数学方面的书后，就问侍卫："这样的书你看得懂吗？"侍卫回答说："这个写书的人非常高明，就连我这样的人也能够懂的。"彭大人由此以为曹某是一个奇才，后来有机会就秘密地推荐了他，曹某因此做了候补道。

按照现在的说法，曹某就是剽窃了别人的作品为自己的晋升添砖加瓦，这在当代的学术界也是一个令人唾弃但是比较常见的现象。

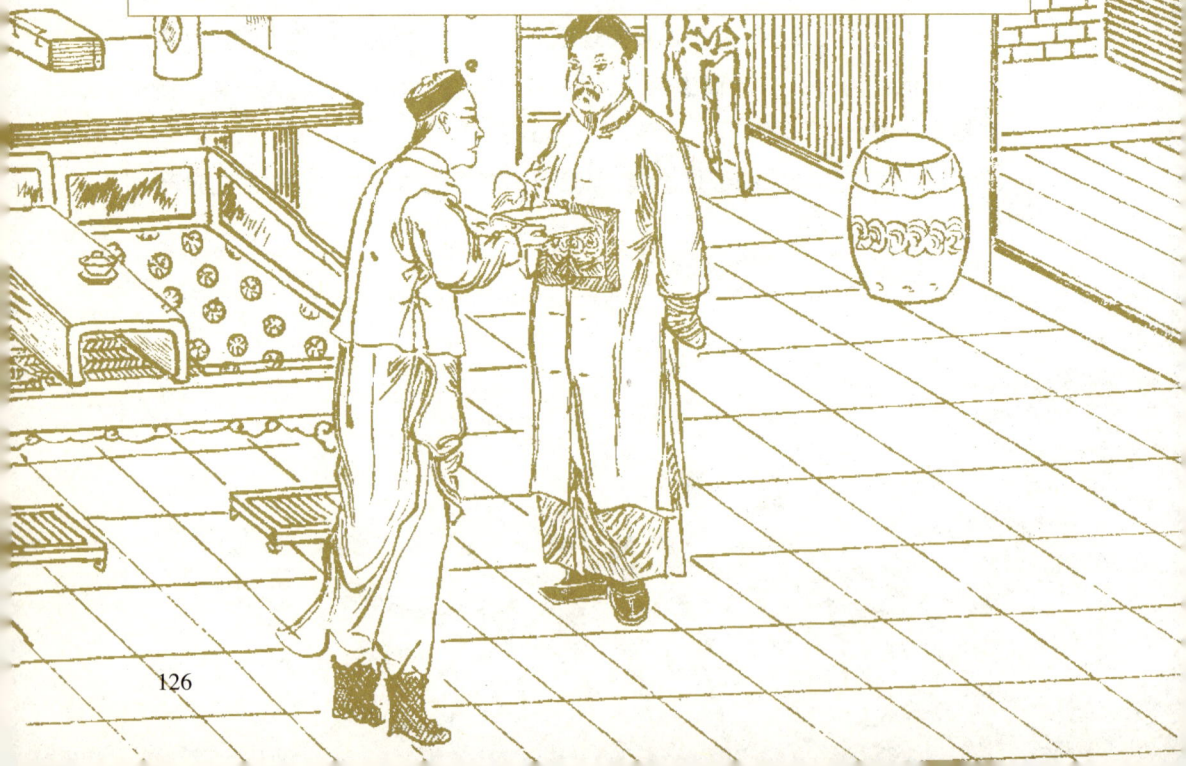

骗剃头担

　　东西不论大小，只要值钱，就会有人想骗。这不，连剃头匠的担子都有人要骗。

　　过去人们理发不像现代人是去理发店，而是找走街串巷的剃头匠来给自己剪头发修面。剃头匠都有自己的一副摊子，包括凳子、脸盆、剪刀等等。剃头匠每天就背着这些东西在大街小巷上揽生意，只要有人拦他，他便停下来把摊子摆好为那人剃头。

　　有一天，一个剃头匠被人拦住让给剃一下头，他停下把摊子弄好之后就让客人站起来先洗个头。他正在给客人洗头的时候，突然有一个人走过来悄悄地把客人屁股底下的凳子抽走了。剃头匠以为是客人的朋友想跟他来个玩笑，就没有阻止，而是看着他把凳子拿走了。

　　他想到客人一会儿坐到地上的滑稽样子，差点笑出声儿来。客人洗完头，想也没想就往下坐，结果一屁股坐在了地上。客人知道自己被人戏弄了，心里很不痛快，便破口大骂起来。

　　剃头匠笑笑说："刚才您有个朋友想跟您开玩笑，所以把凳子拿走了，请您快把他叫回来，顺便也把凳子还回来吧。"客人听后很吃惊，他说他没有这样的朋友，还说剃头匠被骗了，凳子一定是被那人偷走了，让剃头匠快去追那个人要回凳子。

　　剃头匠这时才明白过来，于是他马上就去追那个人。临走之前，他还叮嘱客人，让客人帮忙给他看一下摊子。客人也没多说什么，欣然答应了。但他追了半天也没找到那个人，后来他快快不乐地回来了。回到刚才这个地方，他更笑不出来了，身体像被抽空了一样一下子软了下来。原来，他的摊子没有了，这时他才明白，原来这两个人是一伙的。但为时已晚，他的所有东西都被人骗去了。

　　用开玩笑的手法骗东西，让被骗的人哭笑不得。比如说洗头的时候偷偷拿走凳子，这是朋友间常见的玩笑，所以剃头匠也不在意。等到连担子都被人骗走了，他才发现这根本不是个玩笑，而是骗局。

骗小孩珠帽

　　有的时候，为了表示对孩子的宠爱，大人们会把很珍贵的东西给小孩佩戴，所以有的骗子专门找小孩下手。但是，骗孩子和骗大人还有所不同，需要的是更加巧妙的办法。

　　苏州贯通桥下有个大户人家。一天，这家的乳母带着最小的少爷在院子里看风景。这个小孩头上戴着一顶缀满珍珠的帽子，价值数百元。忽然，从外面走进一个人，这人年纪大约五六十岁，衣着挺括，相貌堂堂。他逗着小孩玩，说："叫公公，不叫就拿走你的帽子哦。"乳母以为他是认识的人，也逗着小孩说："叫公公啊！"小孩太小还不会说话，只是看着这个人，这个人于是真的拿了帽子往外走，一边走还一边说："叫我一声公公，不然就拿走你的帽子哦。"他走几步说一次，一直走到了院门口，他停下来对这孩子晃着手里的帽子，说："叫公公，再不叫帽子就不见了哦。"小孩还是没有开口。这个人于是就走出院子不见了。乳母开始还以为他在开玩笑，站在院子里等他把帽子还回来，等了半天也没有等到，就走出院子，结果发现外面根本没有了人影。

　　逗弄孩子是常见的事，更何况是看上去认识的人。乳母虽然有没看好帽子的责任，但是在这样的情况下，恐怕没有人能够拒绝一个和小孩开玩笑的人吧。

洋伙计欺诈乡愚

中国人对于洋人的心态，可谓是又爱又恨，有的时候又混杂着害怕。但是洋人也是人，和国人一样吃喝拉撒睡，并没有半点特殊之处。

有个叫陈口宝的人在上海英租界福州路开设了一家会益公司拍卖店。他为了多赚钱，专门雇用了一个蓝眼睛高鼻子的外国人站柜台。这家拍卖店做的主要是衣服生意。陈口宝常常将质量不好的衣服装成是好衣服来欺骗顾客。某天，这家店里的伙计汤秀松等进了一批假的皮衣。有个叫郭文林的苏州人来买衣服的时候，西洋伙计编了很多谎话骗他，把他哄得一愣一愣的。最后，一件假的皮衣竟然卖了七两银子。郭文林回家以后越想越不对，找人鉴定以后发现上当，买了一件根本不是皮的皮衣。郭文林到老闸巡捕房去报案以后，捕头立即把洋伙计和店主抓来审问，戳穿了这家店的鬼把戏。

用西洋人来骗中国人，这样的招数在民国时屡见不鲜，因为当时中国积贫积弱，许多人认为只要是外国的，就是好的是强大的。现在社会发展了，人们这种崇洋媚外的心态已经发生了很大的转变，在面对洋人洋货时，能够更加冷静地思考和判断了。

割舌行诈

在佛教中，报复心是一种极其不好的东西。遗憾的是，在现实生活中，报复这个词还是会无时无刻出现。有的人会把报复行为施加到他所认为侵害了他利益的人身上，而有的人则会以伤害自己的方式来报复他人。下面这个故事里的人，因为力量不够，只能伤害自己的身体，来达到报复的目的。

有个叫国祥的护军校(一种政府职员)因为被他的上司文琦告了一状而被革职。国祥和他的老婆都非常怨恨和不平，思量着要报复。过了几天，国祥的老婆带了剪刀、洋烟等东西来到文琦的家门口，她想要闯进去大吵大闹，但是被门卫阻止住了。于是她就在文琦的家门口大声痛骂文琦，引来很多围观。附近的巡警接到文琦家人的报案以后把她带到了警察局，并且通知国祥来领人。哪知道国祥比他老婆的行为还过激，他也跑到文琦家门口，拿出一把剪刀就把自己的舌头割破了，满嘴鲜血直流。他就这样躺在地上，经过的人都议论纷纷。

捏名骗捐

　　民末清初，社会动乱，而天灾人祸又不时发生，所以有一种新的职业应运而生，那就是邀捐者。他们通常代表了某一种慈善机构，这些人每天奔波于各家商店和有钱人家里，要求别人捐出钱来解决问题。这样的工作对于社会是很有好处的，可是随着邀捐者的不断增加，其中也开始混进了骗子。

　　苏州城阊门外有一家赖方顺皮丝店，有一天，店里忽然来了个年纪大约三十岁、操着浙江湖州口音的人。这个人穿着蜜色皮袍，酱色马褂，手里拿着同仁辅益堂的捐款本。他一再向店主人要求捐款，可是店主不答应。他眼看劝捐不成，就从自己的口袋里拿出了十张米票，要求换一块银元。店主人认为他既然是同仁辅益堂的人，应该不是骗子，就把银元换给他了。哪知道等他走了以后店里的人才发现那些米票是伪造的，店主派伙计到城里的各家善堂去打听，都没有这个人。原来他既骗人捐款，又靠伪造米票骗钱，骗术还真是多啊。

　　一计不成，又生一计，说的就是这种骗子。他口袋里装着种种骗术，目的就是要让你上当，被骗的人往往怎么也逃脱不掉。

造谣戏弄贫民

有的人只是因为无聊就散播谣言，欺骗穷苦的百姓，其行为比骗人钱财还要可恶。

在芜湖，有这么几位混世魔王，他们整天无所事事，不是在这家饭馆蹭吃蹭喝就是在那家摊位上白拿东西。芜湖的百姓对他们很是无奈，但是打也打不过，骂也骂不过，只能默默地承受着。

几位"魔王"这几年来几乎把坏事做尽了，最近实在是想不出什么新的花样来玩了。因此他们很苦恼，平静的生活对他们来说乏味极了，他们每天都在想新花样来玩。

有一天，几个人正在大街上溜达，他们看到街上有很多乞丐还有勉强度日的贫民。于是几个人想导演一场戏弄他们的好戏。几个人商量好具体实施步骤之后，便开始分头行动。

没过几天，芜湖开始流传这样一条消息：本月十五号，大马路中西旅馆会散发米票。人们开始沸腾，芜湖有多少年没有出现过这种好事了。口口相传的力量是伟大的，没过多久，几乎人人都知道了这个消息。到了正月十五这一天，本地的乞丐和穷人扶老携幼都到中西旅馆门口排队拿米票，马路被围了个水泄不通。但一个小时、两个小时过去了，还没有一点发米票的迹象。

后来，人们按捺不住了，他们在旅馆门口大声喧哗，高声叫嚷，有的人甚至动起手来，要砸旅馆的玻璃。场面一度陷入混乱，旅馆主人知道情况已经到了不可控制的地步，便从后门悄悄溜出去向警察局求救。后来，一群荷枪实弹的警察赶到了现场，把这些人赶走了。临走时，人们谩骂着，抱怨着，而制造这场骗局的那几个"混世魔王"则在背后偷乐了好几天。

贫民的生活本来已经够辛苦的了，每天早出晚归付出全部的体力和精力才刚刚得到温饱，骗子竟然欺骗他们，真是令人发指。

第四节 ◎ 牙行骗——真神面前烧假香

牙行也就是我们现在说的中介公司或者中介人。他们的工作就是为各种买卖交易牵线搭桥，自己从中赚取一些差价。自古以来，中介商中就会有很多骗子，尤其是信息不发达的时代，中介商可以欺瞒自己的主顾，使自己成为最大的利益获得者。同时，有的中介商还会打着各种旗号兜售一些假冒伪劣、粗制滥造的东西，也难怪商业圈中牙行的口碑一向不是很好。

贷款受骗

　　古代虽然金融业不发达，但是人们对于存款的渴望和贷款的需求还是存在的，所以有各种私人和地下的组织从事金融业务。同时，在古代，贷款并不像现在这样容易，因为信用制度并不存在，所以一般来说不会轻易借钱给不熟悉的人。那些急需用钱而又借钱无门的人，就需要去投靠中介人了。

　　曾经有一个秀才想到北京谋个一官半职。他在北京住的日子久了，带来的盘缠入不敷出，朋友建议他先向人借一些钱，等到当上了官再还。他把借贷的事情托付给了一个中介人，没过几天，中介人就说找到了一个大户人家愿意借给秀才七百两银子，不过要以重金贿赂这家的管家。秀才一口答应，把自己剩下的盘缠凑了一百两准备当红包。当天晚上，中介人带着秀才到这个人家拜访，只见这个大户人家房屋高大，从院子里到屋里的墙边都堆着米袋，上面还有"御用"的字样。一个衣着华丽的人自称是管家，出来见他们，秀才忙送上了红包。管家接受了红包以后就和颜悦色地让他第二天早上来取钱。第二天一大早，秀才再去这栋房子，只看到大门上贴着"招租"的帖子，房子里已经空无一人，堆在墙边的袋子里装的都是泥土。

　　秀才花了一百两银子买了一个教训，一定极其心痛，更何况钱财的损失还会影响到他接下去的仕途，相信他会把这件事牢牢记一辈子的。

购古书被骗

　　有钱人的心态有的时候和普通人不一样。比如说，对于文化素养的追求明明是人的天性，同时社会上也一定会存在着文化趣味高低不同的人，但是偏偏有的有钱人一定要附庸风雅，表现出自己很有文化的样子，也难怪会被人利用了。

　　有个富翁，不学无术，但是又很怕被别人看不起，于是买了很多书作为家里的装饰，还雄心勃勃地想要建造一个藏书阁。可惜他买的书都是市面上常见的，并没有很珍奇的版本。有一天，一个卖书的人找到他，自称手中有一本古书，非常珍贵，因为没有刻板印刷，所以世界上只有抄写本两套。一套藏在皇宫里，一套原来在一个富翁家里，后来被富翁家的子弟偷出来卖了。富翁要他拿书来看，果然那书是非常古旧的样子。那个人又说这本书的内容在很多典籍上都提到过，还可以在四库全书里找到。富翁派人一查，果然如此。于是富翁出了八百两银子买下了这本书。卖书的人临走时还嘱咐说，因为是很珍贵的古书，所以千万别让外人看到。

　　富翁自以为得到了传世之宝，洋洋得意。但是，据有机会看到那本书的人说，那本书不过是把一些不太值钱的古书剪下来拼在一起而已。

　　这个骗子一定是个饱读诗书的人，所以才会利用文献学的知识来伪造图书骗人。但是把聪明才智用在这种地方，虽然可以赚钱，也难免让人叹息啊。

买王府木材受骗

很多达官贵人平时深居简出，普通百姓难得一见。于是就有骗子假冒这些人来行骗。

北京城里要修造一座大庙，银子什么都已经准备好了，只是木材还没有着落。有一天，有个穿着官服的人登门拜访负责修庙的工匠。他自称是二王爷府里的管家，代表二王爷来卖王爷府中客厅的木材。京城里的人都知道二王爷因为皇帝的猜忌失了宠，就此家道中落。所以工匠相信了他的话。他们约定第二天一起到王爷府中去看木料。到了二王爷府前，那个人让工匠等着，自己上前对看门的人说："我是五王爷府上的工匠总管，我们王爷要造一个新的大厅，想学你们大厅的样式，所以特地叫我来看看。"看门的人于是同意放他们进去了。工匠到了大厅里，用尺子量

了木材的长宽，觉得可以拆了建造庙宇。管家见他满意，就说第二天到某个地方，王爷会亲自和他谈价钱。

第二天，工匠赶到某地，果然看到有个穿着王爷衣服的人在等着他。这人和工匠讨价还价了一番，最后商定木料一共一万两银子，先付三千当定金，等拆了以后再付另外的七千。工匠已经完全相信他便是二王爷，于是非常爽快地拿出了三千两定金。之后，工匠带着人到二王爷府去拆木头，王爷府的人怎么也不让他们动手。工匠和他们解释以后，仆人们就将情况报告给了二王爷。二王爷亲自出来见他们，工匠才发现真正的二王爷和前几天的那个人长得完全不一样。

这个骗局的一个高明之处是骗子利用王府衰落这一人尽皆知的事实作为前提编了一个故事，使得这个故事的真实性大大提高。所以，有的时候要注意前提正确的情况下接下去的推论不一定也会正确。

买王府墙砖受骗

有的时候眼见也不一定为实，比如接下去的这个故事，中介商就明目张胆地在主顾面前耍手段，最后还没有被识破。

京城里有个富人想要买砖头造房子。有个中介人便跑来对他说："某王爷想要拆了自己府第的外墙重新修建。你何不去买他的旧砖头呢？"富人怀疑地说："王爷怎么会卖砖头呢？"中介人说："如果您怀疑的话，不如和我一同到王爷府去，我直接向王爷禀告说您要买墙砖的事，看他同不同意卖他的砖头。"富人就跟他去了。两人在王爷府外等了一会儿，就见王爷骑着马出来了，中介人忙走上去磕头请安。富人远远地看着，只见中介人指着围墙说了些什么，王爷满面笑容地点了点头，又说："你只管拿了尺去量吧。"中介人回来说王爷已经答应把砖卖给富人，让他带了人去量围墙的长度来计算砖头的多少。富人派伙计量了围墙，算出砖头价应该是一百多两银子。富人先付给中介人一半的钱，说好拆了围墙之后再付另外一半。

第二天，富人带着伙计就到王府门前拆围墙，王府的人以为是来捣乱的，把他们捆了送给王爷审问。富人向王爷说明情况并叫冤不止。王爷哈哈大笑起来，说："你上当了。那天那个人对我说他是你家的工匠，想要学我家围墙的样式。我想这种小事有什么要紧，就指着围墙说尽管自己去量好了。我从来没说过要卖墙砖啊。"富人不停地谢罪，又托人花钱贿赂，才被放了出来，而那个中介人已经带着钱跑了。

冒充巡抚侄子行骗

　　官场上常常有官员的亲属替人说情最后得到官员帮助的事情，所以有很多人想要走通这样的门路以达到自己的目的。

　　有一对安徽的叔侄为了分家产打了好几年的官司，问题一直没有得到解决。侄子某甲想尽了各种办法，贿赂了很多人，还是告不倒他的叔叔。有一天，某甲偶然认识了一个人，那人自称是巡抚的侄子，和巡抚亲如父子。某甲就想依靠巡抚的侄子来打赢官司，于是摆酒席请他。这个人一听说是这种事，马上答应了。他向侄子要一笔好处费，约定事成之后再付。第二天，这个人带着那个某甲一同到巡抚的府上去了。这个人拿着某甲的状纸就进了巡抚府，某甲在外面等着。过了一会儿，巡抚府的大门就关了。某甲等了一天，还不见他出来，向看门的打听，也没有什么消息。

　　到了晚上，这个人才大摇大摆地走出来，说是被巡抚留下吃饭聊天。他拿出某甲的状纸，说巡抚已经在上面作了批示，相关官员会帮某甲打赢官司。某甲大喜过望，马上把约定好的钱给了这个人。后来，某甲又到衙门里去告自己的叔叔，可是仍然不成功。某甲起了疑心，托人打听，才知道巡抚根本没有侄子。原来那一天是巡抚接见新登科的秀才的日子，这个人就一起混了进去，进去以后他躲在巡抚府里的一座土地庙里，用带来的食物充饥，到了晚上他再跟着秀才们一起出来。而那张状纸是他早就写好揣在袖子里的。

　　整个骗局都是骗子一人在演独角戏，但是因为他编的故事很完美，所以这个侄子才会上当。

某御史被骗

　　某些人为了利益总想巴结一些大官，有需就有供，有一些中介人就是负责帮忙介绍达官贵人的。当然，他们所介绍的贵人是否一定就是真的，那就另当别论了。

　　一次，某御史家的管家在茶馆喝茶时认识了一个人。这个人穿戴非常华丽，一看就不是普通人。这个人与管家闲聊时，问起了御史的姓名和官位，管家都一一告诉了他。这个人说自己姓王，是显贵人家的管家，并说仕途险恶，一定要有靠山才行。他还问管家御史的靠山是谁，管家回答说自己家主人并没有任何依托。

　　王某劝解说，不要怕破费，否则大祸临头时连个能帮忙的人都没有。管家不解地问他们可以依靠谁，请王某给御史指条明路。王某说他认识公主，如果御史不怕花钱，他可以帮忙引见。管家非常高兴，回到家之后就把此事告诉了御史，御史听后马上就宴请王某。吃完饭后，王某让御史提前准备好送给公主的钱物，然后等候自己的音信。

　　几天过后，王某找到御史对他说："赶快收拾东西跟我去见公主，每天求见公主的人太多了，今天正好得了个空隙，咱们得赶紧走，否则失去了这次机会，以后就不好办了。"

　　御史听后就带上银子跟王某去了公主的府第。王某先拿着银子进去打点，过了一会儿，有人出来说公主要召见御史。进去后，御史看见堂上坐着一位非常美丽的女人，其服饰极其华丽。御史给公主行过礼之后，公主让他坐在檐下，并吩咐人用金碗上茶。最后公主还赐给他一双缎靴和一顶貂帽，御史对公主异常感激。

　　不久，御史又想求见公主，便去找王某想让他帮忙再次引见。但王某家没人，御史以为王某正在侍候公主，便回了家。可御史一连三天去找王某，都没找到。于是，他就派人到公主的府第去找，结果那里也是大门紧锁。派去的人找到那里的邻居询问，邻居说这里并没有什么公主，只是前几天有人租用这里的房子，现在他们已经离开了。御史得知这个惊人的消息后后悔莫及。

　　御史也算是官场中人，竟然以为这么简单就能见到公主的面，除了说他头脑简单之外，就只能认为他实在是迫切地想要找一座靠山了。

骗子招工

利用招工骗取中介费，既欺骗了被害人的钱，也浪费了他们的时间和感情。

浙江湖州有个姚医生，平时除了看病之外还很喜欢参与到当地发生的各种事情当中去，有的时候也趁机骗一点钱。有一次，湖州新造了一家丝绸厂。在工厂开业的前一个月，姚医生就到处向别人宣称：这家工厂的老板和他是好兄弟，委托他帮忙招收工人。由于当地人都不太熟悉工厂的老板，加上姚医生平时就是一个比较活跃的人，所以很多人相信了他的话。一些想要进丝厂工作的妇女都纷纷来找姚医生帮忙。姚医生趁机向妇女们索要中介费，每人两元到五元不等。妇女们大多觉得中介费尚可接受，同时都很迫切地想要这份工作，所以都乖乖交了钱。等到工厂终于开工了，交过中介费的妇女谁也没有接到上班通知。她们觉得奇怪，就一起去找工厂老板讨个说法。老板非常无辜地告诉她们自己既不认识姚医生，也没有委托过他帮自己招工。妇女们这才知道自己被骗了。

在现代社会，由于工业大发展，新一波的找工作热潮从城市弥漫到农村。中国每年有几千万人走出家门四处打工，他们中的很大一部分都上过中介的当。有的是交了中介费没有找到工作，有的是找到的工作和中介所承诺的完全不一样，还有的是被中介当作渔利的工具屡次倒卖。这种种的情况都值得我们加以重视和深思。

骗元宝

公证人除了赚取自己应得的劳动报酬之外,有时还会对自己主顾的银子动歪脑筋。但是,怎样才能骗到银子又不被马上发现呢?这是骗子们一直钻研的一个问题。

有几个人合伙做买卖,他们做得很成功,赚了不少钱。为了避免合伙人之间产生摩擦,他们决定一起去钱庄把钱存起来,而且还请了一个公证人作见证。到了钱庄之后,他们看着公证人结算银子,看的人很认真,做的人也很认真。

这时,忽然有个乞丐进来乞讨,他手里拿着一个破篮子,篮子里装了一些破烂衣服,样子很是可怜。乞丐向公证人乞讨,公证人正在结算银子,没工夫跟他浪费时间,就随手给了他一些钱。但乞丐一点走的迹象都没有,好像还嫌不够似的,嘴里嘀嘀咕咕,表现出很不满意的样子。

公证人看到他这个样子很是生气,一把拿起一个大元宝扔在乞丐的篮子里,说:"不是嫌少吗,有胆子你把这个元宝拿走。"乞丐有些慌了,他吓得忙说:"财主您不想添就算了,何必要生气呢,气坏了身子怎么办呀。"说着就从篮子里把元宝拿出来放回桌上,转身走了。

公证人和那几个合伙人互相瞅了一眼,也没多说话,便又开始了结算。公证人把桌上那些银子结算清楚了之后就封了封条放进了钱庄里。

故事讲到这似乎是完了,但出乎意料的事还是发生了。后来这几个人要分银子,于是就到钱庄去取,等他们打开封条之后,发现其中有一个元宝是假的。几个人面面相觑,不知是怎么回事儿。

他们开始回想结算银子时的场景,突然间觉得那个乞丐和公证人很可疑。后来他们推断银子一定是被乞丐换走的,而那个公证人就是那个乞丐的同伙。但此时醒悟为时已晚,现在又要到哪里去找那个公证人和乞丐呢?更何况就算找到了又能怎样呢,没有人证物证他们完全可以矢口否认。看来,这件事只能自认倒霉了。

这个公证人借乞丐之手掉包了元宝,大赚了一笔。但是不知道这样下去他的声誉会不会受影响,会不会最后连公证人这一行都干不了了。

143

代买物品受骗

　　委托别人代买东西在生活中是一件常见的事情,尤其是当某些人能够通过自己工作的便利帮人买到平时很难买到的东西时,人们更会尊敬和依赖他们了。

　　有个叫李芳林的广东人是宝亨轮船公司船上的工作人员。他因为常常出国,所以可以带回很多外国的东西,别人都很崇拜他,也会托他买东西。最近,他认识了一个叫做柴子清的人。李芳林看到柴子清很有钱,就谎称自己是宝亨公司的买办,专门坐船到各国去采购物资。柴子清听信了他的话,就交给他两百三十五块大洋,委托他帮自己带一些东西回来。他等了很久也不见李芳林把自己要的东西送来,就到宝亨公司去询问,公司告诉他根本就没有一个买办叫做李芳林的,他这才知道自己上当受骗了。于是柴子清立即向巡捕房报案。这个李芳林也是一个不谨慎的家伙,拿了钱以后照样悠哉悠哉在轮船上工作,结果很快就被抓住了。

　　明明是有正当职业的李芳林,竟然为了几百块钱使自己陷入牢狱之灾,可谓愚蠢至极。这个故事也提醒我们,人与人之间的信任固然不可少,但是还是要有适度的警戒心,否则的话,上当也怨不了别人了。

第五节 ◎ 衙役骗——千里当差只为财

衙役作为政府的执法人员，其地位和今天的警察相当。衙役行骗有两大类：一是假冒衙役行骗，二是真的衙役利用手中的权力使出花招来行骗。在这两大类中包含着各种各样的骗术，现在就让我们通过下面的故事来了解一下。同时，我们也可以看到自认为聪明的衙役被别人欺骗的事例。

衙役利用现有的或者是伪造的犯罪事实来敲诈勒索，成功率往往比普通的骗子敲诈行骗的成功率高。这是因为他们手中掌握着捉拿犯人的权力，所以一般不愿惹事的普通老百姓都不愿意得罪这些人，只好认栽了。

145

购玉杯被骗

　　某个绅士一直想要拍本地长官的马屁，可是苦于找不到合适的东西"进贡"。一天，某甲拿了一对玉杯来给他看，说是家传的宝物，非常珍贵。绅士知道长官很喜欢收集古董，觉得非常适合送给长官，当即就买下了。过了几个月，有一天，几个衙役捆着某甲来找某绅士，说是某甲偷了东西并销赃给了某绅士，并说如果某绅士不把玉杯拿出来的话，就要把他们一起送到衙门里去。某绅士早已把玉杯送给了长官，当然拿不出赃物。他向衙役求教解决的办法，衙役开始表现出很正直的样子，一个劲地逼迫某绅士。后来，还是在某甲的说情下，衙役们才同意用钱来摆平这件事。某绅士迫于无奈只好拿了一大笔钱送给他们。后来别人告诉某绅士，某甲和那几个衙役是串通好了故意要来骗他的钱的。

　　某绅士与其说是被骗，还不如说是被敲诈了更为妥当。但是，在不愿意面对官司和诉讼的情况下，他也只好花钱息事宁人了。

讼师被骗落网

　　在古代刑侦技术不发达的条件下,很多时候抓捕犯人主要依靠的是衙役的聪明才智。

　　苏州有个衙役嗜好吸鸦片,而且瘾非常大。有一次,县官让他去抓一个老讼师,这个老讼师非常狡猾,官府捉拿控告了他很多次都没有成功。衙役接到命令后到老讼师家里去了几次,他的家人都说他出门了。衙役又没有权力强行进去人家家里搜查,只好在门口等着。讼师在屋里躲着,他当然等不到。

　　过了规定的日期,衙役还是没有完成任务。县官怀疑他收受了讼师的贿赂,命令他一定要在某日前抓到讼师,否则一起处罚。于是衙役只好一早起来就守在讼师家门口,坐得久了,他的鸦片瘾犯了。衙役一时找不到吸鸦片的工具,就直接把鸦片膏吞了下去。吞鸦片在那时是一种常见的自杀方法,所以讼师的家人以为他想不开要自己了断,忙上前阻止。衙役灵机一动,干脆假装自杀晕了过去。讼师的家人手忙脚乱地把他抬到屋子里,讼师也慌忙跑出来看发生了什么事。此时,衙役一跃而起,抓住讼师就往衙门里走。

　　这个衙役尽管有鸦片瘾,但是不仅没有耽误办事,反而能巧妙利用这一点来抓捕犯人,这一点至少是值得肯定的。

以其人之道还治其人之身

　　道光年间，朝廷查禁鸦片的法律非常严苛。随之而来的是，常常有人假冒官府查烟的差人在河道上拦截船只，随意搜查船只并讹诈钱财。但是他们不会危害到船户的生命，也很少抢劫船户运送的货物，所以船户们也懒得向官府告发他们。

　　有个商人用船运货物到四川去，也被这些人讹诈了一次。他不愿白白受到损失，于是动员了另外几条船上的水手一起来对付这些假的差人。这些水手都穿上衙役的衣服，并模仿官差的行事和说话方式。当天晚上，他们悄悄地包围了那艘船，由于人多势众，他们一下子就把船上的人制服了。检查船舱时，他们发现船上堆满了敲诈来的金银。这个商人假装成官员的口吻，命令众人把这些假的差役捆在船上，然后把船舱里的钱带走了。等到水手们拿走了金银，那些假的差役才醒悟过来，说："哪有官府的人只拿钱不抓人的，我们上当了。"

县令被仆人拐骗

　　上当受骗的人以普通人居多，但偶尔连县令这种官员也会被自己的手下人欺骗。

　　山东昌乐县的胡县长日前接到长官——青州新任鲍太守的命令，让他到青州去拜见。胡县长急急忙忙地准备好行李和礼物就要出发，忽然，他的太太让家里的仆人来找他，说是孩子病得很急让他去找个大夫。胡县长迫于无奈，只好叫自己的一个仆人带着包裹先出发，到了青州后在火车站等自己。等到胡县长把家中的事情都料理妥当后坐车到青州时，火车站里并没有他仆人的影子。他向人打听，才知道那个仆人早就带着包裹坐火车跑了。胡县长只好对着铁轨叹息了。

　　这个县令大概想不到自己的仆人会卷了包裹逃跑，但是事情发生了，连他这样的父母官也没有办法，唯有叹息啊。

衙役受骗

　　法律讲求的是证据，所以一旦证据被毁灭，执法人员也没有办法。

　　按照大清律例，在国丧期间是不允许百姓穿红色衣服的。有一个人偏偏穿着大红色的马褂在街上大摇大摆地走。衙役看见了，一把将他捉住，声称要送到衙门里去惩办。他苦苦哀求衙役，衙役于是让他拿出钱来才肯放他走。此人摸遍了口袋也只有十文钱，衙役又要拉他走，他哀求说："我只有身上这件马褂值点钱，不如您让我当了它再给您钱吧。"

　　衙役把他带到当铺，看着他把马褂抵押了钱，就伸手要拿那些钱，那人却自己把钱收好，然后笑嘻嘻地问衙役："我为什么要给你钱啊？"衙役说："你刚才穿了红马褂违犯了大清律例，我好心才不把你送到衙门里去的，你说好要给我钱的啊。"这个人大笑说："那现在我有没有穿红马褂呢？我既然没有穿，也就不犯法了，既然不犯法，为什么还要给你钱呢？"说着就大笑着走了。

　　这个衙役因为贪心而上当受骗，结果既没有惩罚到应该惩罚的人，自己也没有捞到钱，真是竹篮打水一场空啊。

巡长滥用职权欺诈

　　有些人一旦有了点权力，就会滥用私权，为非作歹。更有甚者，穿了警服冒充警察去招摇撞骗。

　　宣统元年，江苏省海门县有个妇人宋二姐到上海办事，住在恒义公客栈，她的老乡严万芳恰好也住在那里。有一天，有个自称是巡长的人，穿着警服，佩着刀，带着一些兵进来查房客。查到宋二姐房间时，巡长诬陷宋二姐和严万芳相互勾结，骗人十四块大洋，并扬言如果不交钱，就逮捕他们。宋二姐无故被人冤枉，当然很气愤，但是她本人又有点怕事，所以就将自己的金戒指抵押了十五大洋交给了巡长。事后，严万芳想想气不过，又觉得面子上很过不去，就向当地警察局上诉。局里马上派人把客栈算账先生和茶房叫来，让他们指认那个滥用职权的巡长，算账先生和茶房发现警察局没有这个人。后来查到警务处有个叫秦仲熙的人曾经到过那个客栈。于是秦仲熙就被送到法庭，秦仲熙申辩说那天有人替他巡查，至于诈钱的事，他根本不知晓。这时严万芳说宋二姐已经搬到新申福客栈住，没办法指认到底那天谁巡查了。法官判这件事情不够明朗，让严万芳在三天内把宋二姐叫来，秦仲熙先交由东区警司看管。金戒指就由原先的抵押行保存着。

　　这件事情虽然最终没个着落，但仍给我们一些启示：骗子往往会明目张胆地利用权势，使他们的行骗更加顺手。

解役被骗

　　上海有个无赖一天到晚惹是生非，但往往又能凭着自己的小聪明逃过惩罚。

　　有一次，他被官府抓住，判刑三年。被送到监狱里以后，他每天都看起来很开心，别的犯人问他为什么这么开心，他故作神秘地说："我现在犯的事根本不算什么。我在进来以前做过一票大生意，和人一起抢劫了一个大户人家。现在我们把赃物都埋在一个地方，只等着出去以后好好享受。"同牢的犯人听到这个消息便立即就向狱卒报告。

　　长官又把他提到堂上审问。无赖装作怕被打的样子，很快就招供说出赃物藏在什么地方。长官于是让几个狱卒带他去某地挖赃物。无赖故意挑一些极其难走的路走，走了一半他就哀求狱卒说："我身上戴着枷锁实在是没法走下去了，反正我现在什么都招了，求求你们把我的枷锁解开。"狱卒看他可怜，就把枷锁给他解开了。

　　又走了一段路，无赖看到前面是一座独木桥，桥身仅能容纳一个人过去，而且桥板腐朽得似乎随时要塌，于是无赖指着桥对面说："过了桥就是埋东西的地方了。"狱卒带着他战战兢兢地上了桥，无赖忽然从身后推了狱卒一把，自己飞快地过桥跑了。狱卒着急得大声疾呼，但又不敢过桥，只能眼睁睁地看着无赖逃跑了。

　　犯人逃跑在我们的印象中应该是非常惊心动魄的，但是故事里的这个犯人凭着自己的小聪明，非常简单地逃脱了牢狱生活，让人实在是有些感叹。

冒充衙役征税

　　衙役是官僚制度最下层的人，但是由于他们直接和百姓接触，所以实际上掌握的权力是非常大的。比如说各种赋税杂捐都由他们征收，而一些基本的案件也由他们处理。为此，就会有人冒充衙役到处行骗。

　　河南省有一项赋税叫做教养公项，也就是教育开支。这项赋税本来应该每个月由祥符县尉陈二尹亲自监督征收。没想到有个当地无赖冒充衙役，在官府征收之前先向各商家收税。因为他形迹可疑，收税以后也没有任何凭据，商人们渐渐对他产生了怀疑，于是他们派人向县里报告。陈少尉听到消息以后，亲自带人把那个无赖抓住了。经过审问，少尉得知无赖原来是本地一个有名绅士的儿子，因为贫穷无聊才想到用这种方法行骗。

　　绅士在古代社会的地位是非常高的，和衙役不能相提并论，所以绅士的儿子假冒衙役，在当时被认为是一件非常无耻的行为。

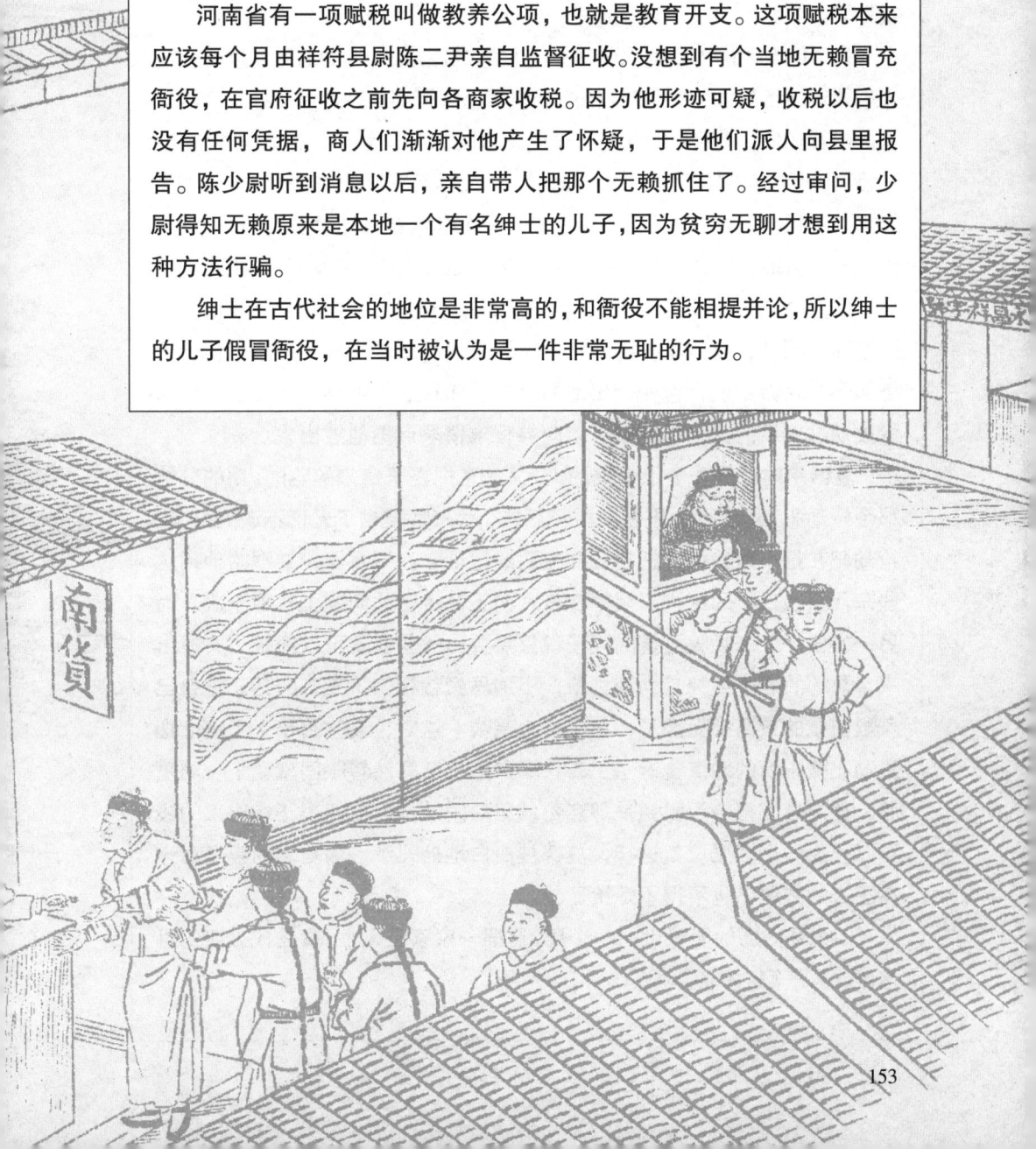

受骗丢妻丧命

　　一个人犯了法被关进监狱，就意味着失去了几乎所有的自由。从人道的角度讲，犯人也应该保有自己的财产和隐私。但是，在清末酷吏当道的情况下，犯人们受的罪可就非常大了，有的时候还会被看管自己的衙役欺骗。

　　有个叫夏德的人因为误伤了别人被关进监狱，古代的监狱制度允许犯人家属送饭给犯人吃，所以夏德的妻子李氏每天都从家里做了饭拿到监狱里去给夏德吃。看管夏德的是一个叫王二的狱卒，他四十多岁，妻子已经过世了，所以常常在监狱里打发时间。王二垂涎李氏的美貌，就想趁着夏德坐牢的机会把她弄到手。可惜李氏是一个非常坚贞的女子，她虽然常常请求王二多照顾自己丈夫一点，但是对于王二的诱惑却始终没有回应。

　　夏德同牢房有一个人是因为抢劫被抓的，但是他并没有告诉官府抢来的东西在哪儿，所以本县的长官非常着急。王二想了一个主意，他让夏德和那个人做朋友，慢慢套出他的话来。而且王二承诺：只要夏德能够做成功这件事的话，那他就可以向县官求情早点把他放出去。

　　夏德平时就是一个很豪爽的人，又常常把妻子拿来的吃的、用的分给那个抢劫犯，所以两人很快就成了朋友，后来甚至成了无话不谈的好友。抢劫犯在行刑前悄悄地把自己藏东西的地址告诉了夏德，并嘱咐他用这些东西照顾自己的家人。夏德在是否向王二告密的问题上犹豫不决。而另一方面，王二哄骗夏德的妻子说只需要出一些钱就可以把她丈夫放出来，夏德的妻子终究是女流之辈，不加思索就相信了王二的话，把自己家里值钱的东西都变卖了，凑了一大笔钱。这时，夏德终于下了决心把抢劫犯藏东西的地点告诉了王二，哪知道王二竟然转眼间就变了一副嘴脸，他向县官报告说夏德是那名抢劫犯的同伙，而夏德妻子拿出来的钱可以作为一个证据。就这样，夏德被白白地处死了。而夏德的妻子后来在王二的威逼下也不得不嫁给了他。

　　因为坏心肠的衙役设的一个局，夏德一家家破人亡，真是让人感到可惜可叹可气啊。

以官治官

　　有的人家里藏着宝贝，也常常会被人嫉妒。

　　太仓县一个儒生家里很富裕，他祖上传下来一条玉带，非常珍贵。县令本来想从儒生手里把玉带买过来，好用来赠送给权贵，老儒生没有答应。因此，县令就想找个借口陷害他。

老儒生有一个同族侄子，是个无赖，与老儒生有隔阂，他知道县令的用意。这时，县城中正好有失窃事件发生，他便以匿名状词诬告老儒生窝藏赃物。县令命人捉拿老儒生父子到官府，严加拷打，家产被也被搜刮一空。

　　老儒生的母亲尚且在世，是一个非常聪明的老太太，她对自己的儿子说："贪官之所以加害我家，只是为了一条玉带。既然家中遭遇这样大的祸事，财产有什么不能割舍的呢？只不过我不愿意让玉带落到贪官手中，让他得逞。希望你悄悄派遣家人，把玉带带到京师，献给那个权贵。这样不仅可以洗雪我家的冤屈，而且可报仇雪恨。"同时老太太悄悄地叫自己家的人调查诬陷老儒生的人是谁，最后发现是那个无赖侄子。

　　老儒生依照母亲的话行事，那个权贵果然很高兴，吩咐下属直接审察这件案子。县令因为故意陷害人被免职。县令未得到玉带，又丢了官，最后抑郁而死。而那个侄子也被赶出家门，从此过着乞丐一样的生活。

　　老儒生的母亲虽然年纪大了，但是见解还是很高明。她明白自己的力量不足以对付县官，便想到了依靠县令的上级官员来对付他。虽然这样的行为还是助长了贪官们的气焰，但好歹保住了一条好人的命。

　　庙会历经千年发展，渐成繁盛之势。清末民初的变革带动了风俗文化的变迁，庙会作为民间传统文化的有机组成部分，在继承传统形式的前提下发生了巨大的变化，由原来宗教、商业、娱乐并重形势逐渐转变为商业特色日益增强而宗教观念日趋淡薄的局面。

　　庙会是由古代的宗庙制度演化而来的。早期庙会仅是一种隆重的祭祀活动，随着经济的发展和人们交流的需要，庙会才逐渐融入集市交易活动。庙会上还有一些娱乐性的活动，逢年过节，逛庙会便成为人们不可缺少的过年内容。

　　庙会随着社会的发展而不断变化着。有人推测春秋时期已有"庙会"，可以确定的是，至少在南北朝时期，寺庙与市场已经发生联系。汉朝时期佛教开始传入中国，同时这一时期的道教也逐渐兴起，它们之间展开了激烈的生存竞争。寺庙为商业活动提供了商机，庙会就此开始了。可见，庙会是因祭祀活动而产生，因娱乐大众而发展，为商品交换而兴盛的。

　　唐宋时，庙会的内容越来越丰富，出现了名目繁多的宗教活动，如圣诞庆典、

①

②

漫话庙会

斋戒、水陆道场等。佛道二教一是竞争寺庙、道观的修建，二是争取信徒，招徕群众。为此，各种庙会都增加了媚众的娱乐内容，如舞蹈、戏剧、出巡等等。这样，不仅善男信女们追捧庙会，乐此不疲，而且许多凡夫俗子亦多愿意随喜添趣。

明清时期，庙会得到进一步完善发展，更加突出了它的商贸功能，从而成为人们经济生活、精神生活和文化生活的重要组成部分。

现在，逛庙会已经重新成为百姓春节期间一项必不可少的民俗活动，许多地方的庙会区别于过去在寺庙进行的传统，改为在公园和广场等开阔的地方举行，主要是进行文化、贸易和娱乐活动，宗教活动已经很少了。

北京的庙会云集，负有盛名的有白云观庙会、隆福寺庙会等，它们或是一年一度，或是一个月内就有数天，会期有的是固定的，有的是不定天数的。白云观位于北京西便门外，复兴门外白云路之东，每年农历正月初一至十九日有庙会。位于北京东城区东四牌楼之西的隆福寺，每旬九、十日有庙会，每到此时，此地便繁华异常，游人颇众。

③

④

君子可以欺之以方，然诡诈之计可一而不可再。

故天下之诈，莫不趁良善之不备。试问心怀坦荡，胡可欺耶？

第四章

恶僧妖道篇

◉

靠山吃山 靠水吃水

自秦汉以后，大量僧道开始有意识地以宗教迷信骗术行走于江湖。儒教、道教、佛教的形成和传入，客观上为江湖骗子利用宗教迷信提供了更为适合的理论和方法。秦汉以后，无论是道教、佛教还是儒教，都有一个"张皇鬼神，称道灵异"的共同特征。道教和佛教的"法术"，都是以神秘的方法解决人类生活问题的方术。这些方术又都毫不例外地被江湖术士所利用，成为江湖骗子谋生的工具。

　　这种骗术，都是以迷信的手段欺骗人，也就是俗话说的"装神弄鬼"。他们以成仙术、通身术、驱鬼术、预测术等江湖方术来欺世盗名，骗取钱财。上至宫廷，下到乡野，都有他们活动的踪迹。

第一节 ◎ 僧道骗——强盗修行贼念佛

在中国历史上，有很多值得尊敬的僧人和道士，他们或者是在文化方面，或者是在宗教方面做出了很大的贡献。但是，也有很多僧道利用人们的封建迷信思想来行骗，并且因为他们身份的特殊性，他们行骗时比别的骗子更加方便。

僧道之骗术

　　和尚中有用法术装神弄鬼的，有建庙收钱的，也有用占卜术骗人的。下文的和尚就是靠占卜之术骗取财物。当然，他们的占卜完全不是真的占卜，而是毫无根据的胡说。

　　有一些四处游走的和尚，他们和三姑六婆串通一气，在租界里询问每家每户的人口有多少，家里人的年纪。他们趁家中主人出门在外时，就注意那家的小孩有没有生病。等他们把一切情况摸得很熟后，就瞄准时机去人家家里假装化缘。一看见小孩，他们就详细地说出小孩父母的生肖。小孩的母亲听了，还以为碰上高人了，马上被吸引过去，好奇地问这问那的。和尚假装欲言又止，让妇女以为有很重要或不祥的事会发生。妇女很着急，请求和尚告诉她。和尚就很郑重地说那家主人最近的命运如何，小孩的寿命是多少，其实纯粹是一派胡言。然后和尚拿出一个护身符，说只有这个才能拯救那个家庭，而这个护身符往往要价很高，但妇女们几乎个个都将和尚的话信以为真，进而下血本买下护身符。

　　仔细观察我们会发现，很多女性都是宿命论者，对命运的关注使她们常常对和尚的歪理邪说产生兴趣，不管和尚的说法是否真实，她们都信。这只能说她们的防范意识太差，但也从另一个侧面解释了当时迷信很兴盛的原因。

都天大帝出巡

古代医学技术不发达，人们的卫生意识也不强，所以疾病很容易流行。当感染传染病的时候，人们想到的往往不是用科学的医术去治疗，而是选择相信宗教方面的各种迷信说法，而和尚道士们的宣传更加助长了这种趋势。

有一年，宁波由于天气干燥，加上居民不讲卫生，所以各种疾病流行，有一些人甚至染病而死。宁波一些大的庙里的和尚们趁机说是今年都天大帝没有出巡收灾，所以各种邪魔歪道危害人间。如果再不迎接都天大帝出巡，将会有不计其数的人死于瘟疫。而且今年是闰年，天灾人祸都会比往年严重。百姓听到这种说法，都到庙里去求和尚们作法迎接都天大帝，一时间捐钱捐物的不断。最后，各庙的和尚一起做了一场大法事，也就是所谓的迎接都天大帝。

宁波发生的这场疫病最后一定会平息下去，这是事物循环发展的必然结果。坚持说是都天大帝出巡才吓走了邪魔歪道，其实只是妖言祸众。

奸僧设计骗采茶妇

　　明清时代因为迷信的人多,因此和尚的地位是很高的。他们中很多人品行恶劣,无所不为。和尚似乎已成了恶霸、流氓的代名词。

　　福建崇邑武夷山上有很多镇以采茶出名,每年茶叶的利润向来是归和尚管的。到了采茶时节,僧人就雇用附近村里的妇女到山崖上去劳作,包她们吃,包她们住,让她们为他们采摘茶叶。有些恶毒下流的僧人就借此机会和这些采茶妇通奸,毫无顾忌。有一年,有个僧人雇了八角亭梁某的老婆到山上采茶。名义上是去采茶,实际干什么就没人知道了。这一采就采了很久,等到过了采茶时节,梁某的老婆竟然不知踪影。梁某向很多采茶妇打听,还是没有老婆的下落。梁某非常气愤,便以奸拐的罪名控告了那个僧人。没想到那个僧人非但不肯承认,还反咬一口,说梁某诬陷他。这种人的丑恶嘴脸真是难以想象。

　　采茶女子是被诱拐了,转卖了,还是自愿跟随和尚了,我们就不得而知了。但梁某的心情是可以想象的。自己家的老婆被别人抢去,还不知下落,更可气的是肇事者还是个受清规戒律约束的和尚。不管怎样,当我们无法在第一时间识破骗子的真面目时,一定要保护好自己和自己的家人,不能轻易听从他人的意见。

和尚妖言惑众

　　刚才的故事里，和尚们利用疾病的流行制造口实，但是比这更可恶的是，有些和尚竟然在没有任何灾祸发生的情况下制造谣言以达到敛财的目的。

　　浙江湖州天宁寺僧人根琳最近制造了一个谣言，说是今年五六月份上天会降一场瘟疫下来，到时候将有不计其数的人因此死亡。附近的人听到以后都大为恐惧，纷纷到庙里来求解救的方法。根琳假装虔诚地向佛祖求教，最后说佛祖说解救的办法只有在天宁寺内做法事，用巨大的缸装着蜡烛燃烧七七四十九天才能够摆脱这场瘟疫。湖州的百姓听说以后都捐钱捐物让天宁寺做法事，根琳在几天以内就聚敛了大量的金银财宝。

　　假借佛祖的名义来恐吓百姓恐怕不合乎佛教的教义，但是这样的和尚可能本来就已经不再弘扬佛法，而只关心自己敛财了，我们又怎么能用教义来约束住他呢?

骗布施

　　寺庙里都会有神佛的塑像,按照民间的说法,有的塑像上会有神佛附身,所以特别灵验。有人就利用这种说法动了歪脑筋。

　　有个叫白铁余的和尚,有一次穷极无聊,忽然想到一个骗钱的法子。他在某个山谷的一个柏树下埋了一尊铜佛,等到埋的地方长出草来看不出痕迹后,他就到村子里去对人说自己昨晚做梦梦到山谷里有个地方发出金光,应该会有神佛出现。村子里的人一起扛着铁锹等工具跟着他到山谷里去找。他故意带大家挖了几个别的地方,最后才挖到那尊铜佛。他声称佛祖托梦给他就是让他照管铜佛,于是他把铜佛迎到自己的庙里。从此以后,四村八县的人听说他庙里有一尊显灵的铜佛,都纷纷来朝拜,每次朝拜他都要索要一些布施。靠着布施,他不久就成了非常有钱的和尚。

　　这个和尚利用人们崇拜神佛的心理,人为地创造了一个神佛,而当地愚昧的百姓不仅完全没有怀疑,还一个劲地给予布施,实在让人嗟叹。

冒充活佛行骗（一）

　　活佛的转世和出世在佛教里都有很严格的规定，但是对于普通百姓来说，他们更加愿意相信他们可以见到的"神迹"以及因此而产生的活佛。

　　浙江有个叫金生的人，从小患秃疮，头上一根头发都不长。他特别聪明，经史子集过目不忘，模仿名家写的书法也让人难辨真伪。可惜他不把聪明用在正道上，每天坑蒙拐骗，终于被他父亲赶了出来。

　　一天，他在路边看到一个和尚在睡觉，就把和尚的衣服偷来穿了。他假装和尚到很多地方行骗。这一天，金生来到福建的某个地方，看到有一座非常雄伟的大庙，他就在这座庙里住了下来。开始的时候，他装作呆头呆脑的样子，每天只干些粗活，庙里的和尚都很看不起他。后来，他偷了一套方丈的衣服放在大殿里佛祖的脚下，又用心背诵了几篇经文。一天早上，别的和尚醒来打扫大殿，看到他坐在佛祖的脚下，正在念经。众和尚忙问他怎么回事，他就说："昨晚我做梦梦到佛祖，他说因为本地

百姓特别虔诚，所以他要下凡来造福百姓。佛祖告诉我说大殿里有一套衣服让我穿上，还说以后我说的话就代表他说的。"大家都不相信，于是他让和尚们把附近的百姓都叫到庙里来。他当着众人的面，念了几篇经文，又把这些经文写了下来，而且字写得非常漂亮。大家之前都以为这个和尚平时根本不会念经写字，所以一下子相信他就是活佛。至此，附近来朝拜的人络绎不绝。

不久以后，他又对众人说佛祖托梦让他重新建造一座寺庙。附近的百姓一听纷纷来捐钱捐物，凑了一大笔钱。金生又说佛祖让他到某地买木材回来建造，众人于是虔诚地送他出城。结果，金生拿了钱就改换了行装，到北京买了一个官位。靠着他的小聪明，后来金生的官竟然也做到了很大，而福建的百姓还以为他成佛升天所以才没回来呢。

金生这样一个聪明人，不把自己的才智用在正道上，实在是十分可惜。而福建百姓对于他的虔诚信仰和全心全意的信赖，除了令人感到讽刺之外，也有几分怜悯。

冒充活佛行骗（二）

　　有一个长得很奇特的和尚，坐在一个木筏上，在河上漂流，什么东西都不吃，看到他的人都觉得很奇怪。有的人以为他是在装神弄鬼，就故意拿了食物来诱惑他，可是他完全不为所动。他在河上就这样漂流了有半个多月，附近的百姓都轰动了，纷纷到河边来向他磕头，称他为活佛。百姓们拿了各种珍奇的食物献给他，并且要为他建造寺庙供养他，他都一一拒绝了。他告诉这些百姓，他是某寺庙的头陀，他庙里的大殿因为年久失修最近倒塌了，所以他才出来寻求布施，以重新修建大殿。百姓们于是自发组织起来，到各乡各村募集资金。和尚和他们约定好某个日子在寺庙里相见。

　　到了那一天，百姓们拿着募集来的钱到了庙里，可是根本就没有那个和尚的影子。但是寺庙的大殿确实已经毁坏了。他们走进大殿，忽然发现有一尊佛像的样子和那个和尚一模一样，而且佛像的怀里还有一本书，也是以前那个和尚常常拿在手里的。众人恍然大悟，觉得那个和尚是活佛现身。于是他们把钱都捐给了寺庙，以后还经常到这座庙里来烧香祈祷。后来，有知情的人说，那座寺庙在建造佛像的时候故意按照那个和尚的样子塑了一尊，也是为了以后的骗局做准备。而那个和尚之所以能够不吃东西活半个多月，是因为他脖子里挂的一串大念珠，那是用干牛肉脯做的，他饥饿的时候就靠吃念珠来维生。

游僧蛊惑妇女

　　和尚除了做本职工作之外，有的时候还会兼职当一下医生，但是他们绝没有什么医术可言，只是骗人而已。

　　广东佛山镇有个游僧号称能够帮人消灾去病，只是要价不菲。但是当地妇女非常相信他，不管是头疼脑热还是严重的大病都来求他解救。这个游僧救人的方法倒也简单，他让来求救的人恭恭敬敬地在菩萨面前磕几个头，许下愿望，然后又让这人站在他面前一动也不许动。他自己拿着一钵水和一道符咒绕着这个人走几圈，一边走一边嘴里念念有词，也听不清说的是什么。念完了他把符咒一扔，喝一口水以后往人身上喷两次就算大功告成了。这样的方法当然是不管用的，奇怪的是他的生意非常好，以至于一些妇女早上要在他住的地方外面等着他开门"营业"。

　　如果往人的身上喷几口水就可以治病的话，那么还要医生做什么。在这个故事里，还有一点值得注意的是，游僧们欺骗的对象是妇女。这说明在那个时代，由于妇女的文化水平低，所以更加容易上当。

僧人渔利之妙计

　　记得小时候，爷爷奶奶常常告诉我们不要做坏事，不然菩萨会怪罪，会惩罚我们。可见，中国古代的迷信之风是格外盛行的，而僧尼之类受人尊敬，得到恩宠。于是一些江湖骗子为了欺诈钱财，干脆亲自动手，造一些菩萨供人们参拜。

　　浙江石门县有个地方叫羔羊市，以前有个古庙，高大而漂亮。洪杨之乱以后，古庙大半化为灰烬了，只剩下几栋破茅房。一天，一个游历四方的僧人在这个古庙落脚休息。突然，这个僧人想出一个骗取百姓钱财的妙计。他说他从地下挖出两尊菩萨，极其灵验。他极力怂恿一些愚笨的人进庙烧香。那两尊菩萨，一个站着，身披盔甲，似金刚；另一个盘腿坐着，手中拿着净瓶，应该是观音。他还把烧香时落下的香灰做成灵丹，骗人说这灵丹可以治病。可笑的是，相信的人还真不少，他们纷纷前来烧香拜菩萨，很是虔诚。每天买香的多达二十多人，买灵丹的人更是络绎不绝。僧人的钱包逐渐鼓了起来，从六月建庙以来，他已经积累了数千元钱。后来他又从江赣等地区采办木头，重建庙宇。

　　可悲的人们，正是由于缺乏理性的头脑，才让骗子们有了可乘之机。迷信的生长土壤是人们的愚昧，因此，普及科学，尽可能地破除迷信是一项非常重要的任务。

道士装鬼骗钱

　　浙江黄岩有很多愚昧的群众非常迷信，常常会因为一些小事就联想到神鬼上面去。黄岩街头半夜偶尔会响起敲梆子的声音，于是就有人谣传说这是鬼出来抓人的魂魄了。当有人要死去的时候，梆子声就会在半夜响起。这个谣言平息了几天，最近忽然又盛行起来，有不少人声称自己半夜听到了梆子声，因此觉得城里面会发生不利于百姓的事情。有个道士听到了这种传言以后就决定借此机会发财。他让他的徒弟装成鬼的样子半夜在偏僻的巷子里敲梆子，目的是让附近的百姓听到以后心里害怕，这样百姓就会到他的道观里去求他，那样就可以趁机赚钱了。哪知道有一天晚上他的徒弟正在装鬼的时候，被附近的百姓给识破了，于是道士和他的徒弟都被扭送到了衙门。

迷信神权

　　厦门某乡某茶园后门那里，常常有人乱扔垃圾。有好事者就在茶园后门的墙上画了一个神像，以此来威吓那些乱扔垃圾的人。有一个附近人家的婢女并不害怕神灵，为了贪图方便还是常常把垃圾倒在神像的面前。不久，这个婢女就发起了高烧，她的主人认为是她触犯了神灵受到了惩罚，所以就到神像面前焚香祷告替那个婢女认错。巧合的是，这个婢女过了几天真的好了。于是附近的人都认为这个神像能够显灵，纷纷到那里去烧香祷告，而且人一天比一天多。本地的父母官听说以后，担心是有人故意制造谣言欺骗百姓，于是专门抓了几个特别热衷对神像祷告的人示众。但是，那些被抓的人戴着枷锁站在神像前面的时候，前来烧香的人并没有退缩或清醒，反而更加虔诚了。百姓的愚昧从这里可见一斑啊。

妖僧拐妇

　　杭州城垣祥符寺有个法号静慧的僧人，借口要帮寺里建造梵宫，到处向有钱人家索要布施，果然积累了一大笔钱。有一个守寡十多年的富豪的遗孀非常有钱，又很虔诚地相信佛教。因为垣祥符寺环境很好又非常有名，所以她准备了斋粮到寺里去静修。也是前世的冤孽，遗孀虽然年纪不小，可是凡心未死，而静慧也是尘缘未了，两个人见面之后，就好比干柴烈火，一点即着。两个人勾搭上以后，就思量着要长长久久地过日子。静慧为了避人耳目，就在别的地方找了一幢房子，悄悄地把寡妇送到了那里。由于路途遥远，静慧把庙里的事情都托付给了香司孙某，连金银钱财也都交给了他。

　　凡人都有各种欲念，静慧为了女人把佛法抛在一边，而孙某则被那些白花花的银子给迷了眼。静慧刚离开寺庙，孙某就卷了银子逃跑了。等到静慧回来发现孙某逃跑的事情后，非常懊悔。可是又哑巴吃黄连，有苦说不出。

术士诱拐学生

　　李道鸿以测字算命为业，常常在各个地方拐卖小孩。有一段时间，他在扬州速成师范学堂门口摆摊算命测字，有个姓龙的学生很感兴趣，李道鸿就和他套起近乎来。李道鸿告诉学生他的那套测字术是可以买的，只要龙某出钱。龙某傻乎乎地就答应了，还拿着钱和李道鸿去了九江。在李道鸿的诱骗下，龙某也开始帮他行骗。龙某的同学几天都不见龙某的踪影，不免担心起来，于是派人找他，后来终于在九江找到了他们。但因为行骗行为，他们被送到了甘泉县等着审判。经过官员林大令的严刑拷问，李道鸿对自己的罪行供认不讳，还将详情和盘托出，林官员公正地判他重刑。

　　李道鸿包藏祸心，诱拐良家子弟确实是罪过不轻，但龙某作为一个师范学生，也帮着李道鸿一起行骗，他的品行和学识也真是让人质疑啊！

第二节◎炼丹骗——纸上画饼不充饥

此处说的炼丹并不等同于《西游记》中太上老君用丹炉炼丹，还包括炼金等等各种法术。在古代，人们炼丹的目的不外乎两种，一是求得长生不老之药，二是得到点石成金的方法。但是这两种目的从古至今似乎还没有人能够达到过。下面我们要说的主要是指炼金。古代炼丹家们在冶炼合金和制造药物方面确实取得了很大的成绩，他们曾经成批生产过黄色的合金和白色的合金。其中就有黄铜（锌铜合金）、白铜（镍铜合金）、砷白铜（砷铜合金）、白锡银（砷锡合金）等等，当然还有各种各样的汞合金。这本是炼丹家的成果，但是到了唐代以后，特别是元明时期，这种技术竟被一些江湖骗子用来作为诈骗钱财的手段。

179

丹客骗银（一）

　　痴迷炼金术的人中很多是大富翁，他们因为贪心不足想要聚敛更多的财富，所以痴迷于这种不劳而获的方法。

　　松江的潘监生家中十分富有，但他还不满足，非常喜好炼丹术。潘监生偶然去西湖，见旁边船上的一个客人带着一个非常美丽的女子。这个客人和女子在船上唱歌奏乐摆酒宴，酒席上的器皿闪着金光、银光。潘监生一打听，得知此人原来是中州的富人，带着妾游西湖。潘监生既惊异，又羡慕，于是送上名帖拜访。在言谈中，潘监生透露出羡慕豪富的意思，客人说："我有九还丹，可以点铅汞为金。此丹炼成后，黄金与瓦砾一般，还有什么可贵重的呢？"遇上了真正的炼金术士，潘监生自然很欢喜，同时，潘监生又垂涎妾的美貌，于是他恳求客人携带眷属到松江，去他的庄院休息。豪富和其妾到了松江后，潘监生竭尽款待心意，又送给他的妾金钏、彩帛等礼物。次日，潘监生拿了两千两银子让客人放到炉中，约定九九八十一天后，开炉取丹。

　　刚到两旬，忽然一个穿着孝服的人跑来对客人说："老主母去世了，主人赶快回去奔丧。"客人惊慌大哭，对潘监生说："炼丹的事未完，突

然遇到这么大的事故，真是始料未及。如果我顾了丧事，就无法照看炼丹，心中很不安。不过，我的小妾很懂得炼丹的火候，她可以留在这儿看守，我不久后亲自来开炉。千万不可触犯禁忌，倘若有所失误，后悔就晚了。"潘监生很高兴地答应了。客人走了之后，潘监生不能控制自己的情欲，于是与客人的妾私通了。有一日，两人正亲密时，守门人报告说："客人回来了。"说话间，客人走进了屋子，客人的脸色一进屋就变了，他自言自语道："炼丹房的气味很不好，什么缘故呢？"打开丹炉一看，客人跺着脚脸色苍白地说："丹果然完了，可惜两千两银子都成了废物。这必然是因为男女交媾的事冲犯了炼丹。"接着客人严厉审问他的妾，妾道出了实情。客人非常愤怒，想置妾于死地。潘监生恐惧认罪，愿拿出三百两银子请求宽恕。客人这才整理行装大骂而去。潘监生此时还不知自己掉进了客人设的局，还暗暗后悔因行为不慎而使炼丹失败。

这个骗局除了炼丹骗术外还使用了美人计，也难怪潘监生会上当受骗。

丹客骗银（二）

俗话说："吃一堑，长一智"，可这个世界上偏偏有人会在同一个地方摔倒两次。对于这样的人，我们不知道该是嘲笑还是同情。

刚才的故事里，潘监生不仅被炼丹客骗走了银子，心里还一直觉得愧疚不安。过了一些日子，潘监生在别人的指点下终于明白自己上了当，因此心里一直愤愤不平，寻思着要找这个炼丹客报仇。他拿出一大笔钱在杭州城内悬赏捉拿这名炼丹客，发誓只要看到他便要好好报复一番。

过了几天，有人上门来报告说炼丹客正在城里的某一家酒馆和人喝酒。潘监生派人悄悄地去探虚实，果然看到炼丹客正在那里。报信的人见潘监生确认了情报属实，便急急忙忙要了赏金就走。潘监生则带着家奴浩浩荡荡地杀到了那家酒馆。哪知道他们刚走进酒馆，炼丹客就十分

亲热地走过来握住了潘监生的手，仿佛两人是好朋友一般。炼丹客在潘监生的耳边轻轻地说："您的银子我一分都没有动，全放在家里，过一会儿请您跟我回去拿，我一定原原本本地还给您。现在请您顾及我的面子，不要在我的朋友面前提起这件事。我们一起喝几杯酒，以前的恩怨就算了结了，怎么样？"潘监生本来也只不过是因为被骗走了钱而生气，一听说银子能够完璧归赵，气也就消了。两人一起到桌边坐下，把酒言欢。酒过三巡，炼丹客说自己要小解，让众人稍微等他一会儿，接着他便一溜烟地从后门逃走了。大家左等右等都不见他回来，便派人去茅房找他，但是茅房哪里还有他的影子。潘监生这时也着了急，忙问一起喝酒的人这炼丹客住在哪里，谁知酒席上的人都说不认识这炼丹客，只不过刚好碰到在一起喝酒而已。潘监生这才知道自己又上当受骗了。原来，刚才那个来通风报信、领取赏金的人也是炼丹客的同伙，他们见潘监生出的赏金极高，便又设了一个圈套。可怜这潘监生，又一次掉入同一个人的圈套中去，不知道该说他笨呢，还是该说炼丹客高明。

据说科学家有过一个统计，发现人的一生中犯的错误有80%是重复的。造成这一事实的原因是：很多人认为自己犯过一个错误之后不会再犯，在心理上放松了警惕。炼丹客第二次行骗成功，利用的也正是潘监生的这种心理。

丹客骗银（三）

　　还是上文这位潘姓富翁，后来他每次遇到炼丹的术士，就把他们请到家，又被诳骗了不下几千两金子。从此，家境渐渐窘迫。于是他四处游走，到处寻访炼丹的术士，希望遇到过去骗过他的炼丹术士，索要被骗去的东西。

　　一天，潘监生遇到几个炼丹术士，是旧相识。几个炼丹术士迎上来说："往日辜负了您的大恩大德，幸而现在山东一个大富户找我们炼丹，已约定好了，专等我们的师傅来，就可以动手干了。您若能暂时冒充我们的师傅，那么补偿以前的损失易如反掌。"潘监生一听，欣然同意了。潘监生问他们的师傅是什么模样，几个人回答说："是位头陀。"于是潘监生就剪了头发装作头陀的模样，一同到了富户家，没几天，他们盗走了炉中的银子逃跑了，只留下潘监生一人。富户家要把潘监生捆绑送官，

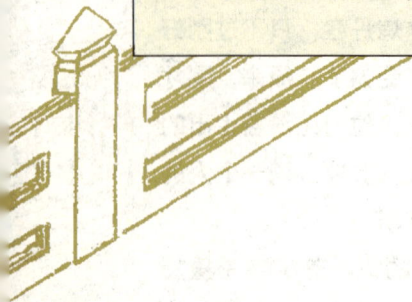

潘监生哭着说出实情，这户人家才放他回去了。钱已用完了，潘监生只好沿途乞讨。后走到临清，潘监生在船上遇到了一个贵公子和一个妓女，这妓女的面容很熟悉。不一会儿，妓女掀帘子问他说："你不是松江的潘公子吗？我就是过去那个丹客的小妾啊！"潘监生惊奇地问丹客在何处，妓女说："你的梦还没醒吗？我本来是汴中的娼妓，受人之托，设这个骗局，很对不住你。你为何流落到了此地呢？"潘监生大哭，向妓女讲了自己的经历。妓女说："我对你不能无情无义，应当赠给你回家的盘缠，此后若再遇到炼丹术士，千万不要听信他们。这钱算是我回报你我几晚的情谊。"说完，妓女拿出三百两白银赠给他。潘监生得了钱，狼狈而回，亲友见他的情状，没有不捂嘴偷笑的。

潘姓富翁的一生，可以说是毁在炼金术上了，不知道他的下半辈子会不会从炼金梦中醒过来，好好地生活下去。

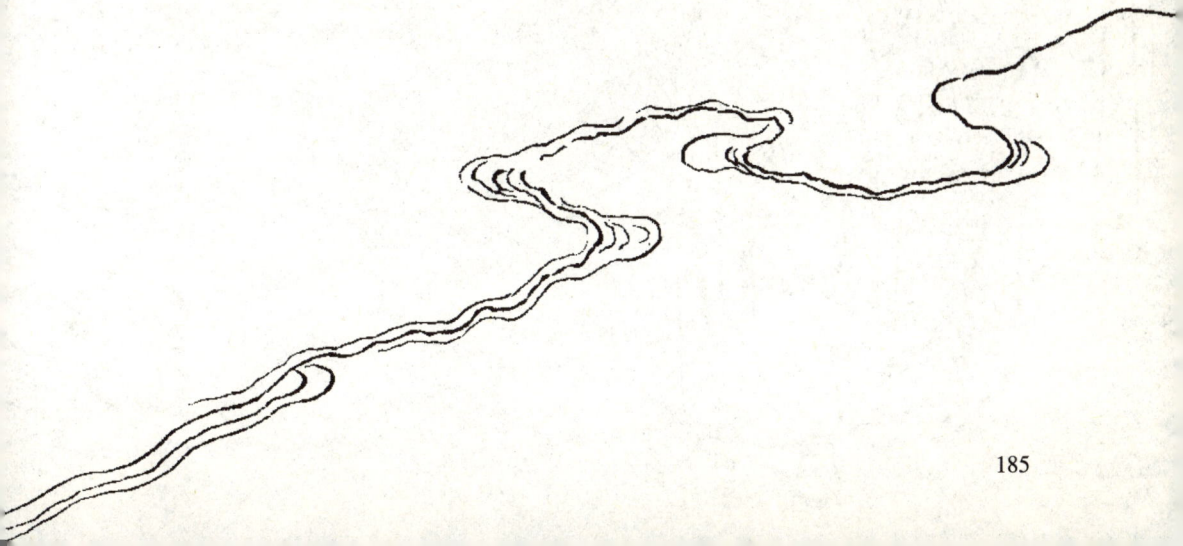

丹客骗银（四）

　　炼金是道士的勾当，是商人们为之疯狂的事，但是也有读书人为了炼金发财，白白上当受骗，玷污了圣人的教诲，还要落得个被人笑话的下场。

　　有位黄先生，出身书香门第，却非常相信炼金术。有一天，一个炼金师登门拜访他，声称对黄先生仰慕已久，希望交个朋友云云。这个炼金师向黄先生展示了几种炼金的法术，骗得了黄先生的信任。一来二去，黄先生和这位炼金师成了好朋友，黄先生还把自己多年的积蓄都交给炼金师，希望能够炼出更多金子来，在读书之外再找到一条发家致富的路。哪知道这个炼金师不过是个江湖术士，专门靠一些雕虫小技来骗人。他拿了黄先生的钱之后便溜之大吉，把黄先生气得不轻。

过了一段日子，黄先生偶然在城里的一家酒馆遇到了这个炼金师，黄先生还没来得及发怒，这炼金师就向他跪下，连连磕头道歉，说自己对不起黄先生。黄先生是一介书生，心肠又软，禁不住他的巧舌如簧，三两下就又和这炼金师坐在一块儿喝酒了。炼金师告诉黄先生，城里某个大户人家想要找人来炼金子，可惜自己的名声不好，那户人家不大相信。如果黄先生肯扮成自己的老师的话，那他们就会愿意让自己去了。黄先生一来十分着迷于炼金，想趁这个机会多学习学习，二来也想帮炼金师赚点钱，自己也就能挽回一点损失，就一口答应了。

　　于是，炼金师帮黄先生剃了头，换了衣服，打扮成道士模样。两人装成师徒，去了那个大户人家。那家的主人见黄先生谈吐不凡，颇有见识，不像是江湖骗子，便留他们在家中炼金。黄先生每天只是和主人谈天说地道古论今，炼金的事全有他的"徒弟"包办。哪知道过了几天，炼金师就卷了金银走了。主人非常恼怒，说道："跑得了徒弟跑不了师傅。"一把便将黄先生捆了，送到官府。官府要以诈骗罪来处置黄先生，亏得他在堂上痛哭流涕辩明清白，又拿出自己是读书人的凭据，才勉强被释放回家。从此之后，黄先生便名誉扫地，读书人的尊严也没有了。

　　金银是宝贝，名誉也是宝贝，可惜这世上的人，爱财之心远在爱惜名誉之上。须知金银是花了还能再挣，而名誉则是一旦毁坏便没法修补的。如果想透了这层道理，恐怕受炼金术欺骗的人会少一些。

和尚误信种银术

　　只要是人，便有可能有贪欲，连和尚也不例外。

　　有个和尚非常贪财。有一次，一个江西人到他的庙里留宿。晚饭时，江西客请和尚喝酒吃肉，两人借着酒兴越谈越投机，江西客故作神秘地对和尚说："我会种银子，如果师傅想要发财的话，我愿意帮忙。"和尚问："怎么个种法呢？"江西客向他解释道："那银子埋在地下，再在上面烧一些符咒，等到七天以后，一两银子就可以变成十两了。"和尚不大相信，就拿出了一两银子让他试验。江西客把银子郑重其事地埋好，又念念有词地在地上烧了一串纸钱。然后他嘱咐和尚千万不要在七天内挖开埋银子的地方。七天以后，江西客和和尚一起挖开土，果然土里的一两银子变成了十两。和尚大喜过望，以为遇到了发财的好机会，于是把自己所有的银子都拿出来，又把庙里的法器卖了全都换成银子，一起交给江西客。江西客按照上次一样做了一通法事。第二天早上和尚醒来后，发现江西客已经走了，和尚忙去埋银子的地方察看，发现只剩下土而已，他这才懊悔不已。

　　和尚本应该是心无旁骛，一心向佛的，但是这个和尚的六根还未清静，上当受骗也就怨不得别人了。

左道惑众

　　有些人抓准了人们的封建迷信心理，装神弄鬼，耍耍小伎俩就把一些无知的人骗了。道教、佛教的产生和传入，使流行于民间的巫术、法术更加具有了吸引力。

　　浙江某地有一个塾师，有一天他遇到了一个僧侣，僧侣让塾师准备好两三两水银，取一两放在罐子里用炭火烧炼，并把火炭一直堆高到罐子口上面。趁塾师不注意，僧侣从自己身上摸出一块炭放在罐子口上，这块炭的中心事先被挖了一个洞，洞中预先装上了一两银粉，并且用蜡把口封了起来。这块炭在罐口上烧着后，银粉就很快落入罐内，与水银熔炼在一起，倾倒在模具中就凝成为一块银锭。接着僧侣又再次表演，让塾师再放一两水银在罐中烧炼，这次僧侣拿出一根棍子在罐子口上拨弄炭火，原来棍子头上也是中空的，里面也装有银粉并用蜡封闭。在用棍子拨弄炭火时蜡融了，银粉就又掉到罐子里去了，这样就又炼出一块银子。僧侣让塾师把炼出来的银子拿到市场上请银匠鉴定，证明这确实是真的银子。这时塾师就更加信以为真了，于是他花了极大的价钱从僧士那里买下了秘方。僧士把钱财骗到手后就溜掉了，可是倒霉的塾师尝试用那秘方做银子却什么也做不出来，只落得倾家荡产。

　　也许是人们通过快捷方式改变命运的愿望过于强烈，也许是中国古代沿袭下来的迷信思想根深蒂固，加上佛教、道教在中国的深远影响，很多人才会去相信一些借法术行骗的人。

相士骗人之怪现状

    相面属于星相术的一种，星相术在古代中国是很受宠爱的。上至达官贵人，下至平民百姓，大部分人的疑难问题、重大决策都求助于星相术士。相面，又叫看相，是以人的五官、气色、骨骼、指纹、体态来推断人的寿夭荣辱、吉凶祸福、贵贱贫富的一种迷信活动。

    光绪年间，杭垣荐桥一带，有个北方来的江湖看相人，也就是俗称的算命先生。他手举一尺宽三尺半长的红漆金字招牌一块。招牌的正中央写着"相法留名"。上款是"蒋云龙夫子鉴"，下款是"翰林院庶吉士陈祥燕题"，看上去很有来头。单是翰林院这几个字就把大家的胃口吊足了。好奇的人争先恐后地去算命，当然还有一些本来就非常喜欢算命的人。那个北方相士有时横着抱他的招牌，边走边说；有时他竖着招牌，站着说。总之他就是以诱骗别人看相算命为宗旨。有些人看到他的做法，躲在边上偷偷地笑他。有句俗话说，"天下无敌手，招牌携了走"。就是说的这种人吧！

    其实只要稍作思考，就可以戳穿相士的把戏，清代袁枚曾经在《随园诗话》中揭露了其中的骗术。算命先生是不可靠的，人的命运是靠自己掌握，岂能由上天决定，更不能由算命先生几句无根据的话来决定！

第三节 ◎ 法术骗——也做巫婆也做鬼

在讲述具体的故事之前，让我们先来介绍几种常见的法术，通过科学来戳穿它们的骗局。

『神火』是常见的法术之一，巫婆喝一口酒朝斗笠上用劲一喷，斗笠马上起火，巫婆们便编造谎言蒙人。

这其实是巫婆在酒内泡了点白磷，白磷燃点很低，当酒喷出后与空气发生强烈摩擦，白磷立即自燃，酒精也随之燃烧起来。『水中跑马』一般是把一块樟脑放在水中，由于化学反应，它会自动旋转，如停转后，敲打几下又会转动。

中医最初也是方术的一种。巫和医同源，最初没有明确的界限。也正因为如此，后世的许多民间医生也是一人身兼巫医两职，许多江湖医生既能驱鬼，又能下药。在过去中国的村庄里，几乎都能找到这类人。

191

妖言惑众

　　郑阳府属竹山房县，地势接近山川峡谷，山林险阻。这一带有个四川来的妖婆，名字响当当，叫"无极老母"。她长期住在福建山上，收了一些愚笨的善男信女为她工作。在房间里，无极老母摆了些烛台、菩萨，用来欺骗前来拜菩萨的人。她的生意特别好，总是香火不断，每天都有上百人来。当地有个人听说了无极老母的事，一想自己也会些妖言惑众的本事，就和妖婆勾结起来。他们对当地的百姓说："青天已死，黄天代立，马上就要有大灾难了。我们可以为你们请一些天兵天将，让你们免于一死。但是你们要马上筹备粮食钱财到这山上来。"正巧有个地痞黄宗耀听说了大灾难的事，他勾结了一批无赖、流氓，在该地横行霸道，大肆抢劫，说抢来的东西是给无极老母的。当地被搞得鸡犬不宁，"这场灾难"可苦了那些老百姓！

圆光欺人

　　科学和迷信从来都是死对头。当人们遇到迷惑的事情时，总会寻找一种信仰或说法来求得内心的平衡。而意志不坚定的人就很容易在这个过程中被迷信思想侵袭，为迷信所左右。

　　风可捕，影可捉，光也可以得到。天下虚妄的东西最难把握。于是欺骗人的伎俩仰仗虚幻之物往往可以达到迷惑人的效果。

　　浙江嘉兴北门外塘湾街的大昌米铺，最近因为失窃请了嘉善一个术士——圆光来帮忙。米铺隔壁很多人都来看，只见那个术士穿着长袍，披头散发，手中持一把长剑，口中喃喃念叨着什么，然后拿来一道符咒，在屋里跟跟跄跄地走路。忽然，他命令两个小孩盯着早已摆设好的水缸里的变化。只见水缸内渐渐泛起螃蟹的眼睛和鱼眼，而做法事的坛子上方，镜子里有一个梳着发髻的美女笑意盈盈，好像要走下来。一转眼，这些奇异景象都消失了。术士收拾了一下道场大摇大摆地走了。米铺老板重金酬谢了他。奇怪的是，术士展现的东西并不能告诉米铺老板他们为什么失窃，而米铺老板却因这些幻象重谢了圆光。

　　法国一位思想家说："人之所以迷信，是因为恐惧；人之所以恐惧，是由于无知。"只有掌握一定的科学文化知识，有了理性判断能力，才能破除迷信，远离装神弄鬼的骗子。

卜者骗财

　　算命先生通过观察来求卜的人的神态言语来得出自己的结论，但这些言论通常也是模棱两可的。所以，当有算命先生能够非常准确地知道人的过去未来时，难怪会有那么多人趋之若鹜了。

　　有个算命的人一向算得都很准，所以远近来找他算卦的人每天都要排很长的队。他算命有一个很特别的地方是，来求他算命的人坐下以后，他并不会马上开始算，而是让这个人把自己的生平家世都详细地说一遍，然后才从抽屉里拿出一张纸，纸上一面写着那个人过去发生过的事，一面写着将来要发生的事。关于过去的写得非常准确，简直分毫不差。让他算过命的人都认为他的法术神乎其神，他也因此而发了大财。后来有知情的人说出了他的秘密，原来他的桌子紧靠墙壁，抽屉是空的，和隔壁房间连着。两间房子的隔板非常薄，隔壁房间坐着一个写字很快的人，一边听着求卜的人述说身世，一边将其记下来，等到求卜的人讲完，他就把纸悄悄地塞到算命人的抽屉里。而那些关于将来的事，则是事先写好的，根本是胡说八道。

游方医生骗钱

游方医生贩卖的药方虽然常常号称能包治百病；但其实什么病都治不了。

桃源坊的严庄氏结婚多年，一直没有孩子。不孝有三，无后为大，她不想自己成为严家的罪人，让严家在她这里断了香火。于是，她寻遍了附近的名医，吃遍了所有偏方，但是肚子却一直不争气，一直没有鼓起来。如此几年下来，她已经筋疲力尽，想要放弃的念头时时冒出来。

一天，她听到窗外有人吆喝说："家传秘方，专治疑难杂症。"听到这个声音，严庄氏欣喜若狂，心想没准这次这个人的秘方管用呢。于是她走出门去把那个医生请回了家里。严庄氏把自己的病情给那医生说了一番，医生听后很不以为然的样子。

严庄氏不明白医生为什么会这个反应，医生解释说他不认为严庄氏的病是很难治的病，并说自己的偏方治这种病非常灵验。他拿出一串纸符让严庄氏服下，并保证不出三个月严庄氏一定会怀上孩子。严庄氏非常高兴，她又看到了希望，于是她千恩万谢地付了那医生一大笔钱，又恭恭敬敬地把他送出了门。

自从医生走后，严庄氏就一直盼着自己怀上孩子，一天一天过去了，眼见三个月的时间就要到了。三个月对普通人来说可能不算什么，但对严庄氏来说却是如此漫长。可是她的肚子却一直没反应，这可把她急坏了。失望之余她又劝自己说，没准再等段时间就可以怀孕了呢，于是她又"耐心"等待着，为了那仅存的一丝希望。

一年时间过去了，严庄氏的梦彻底破灭了。后来那个游方医生又经过严庄氏门口，严庄氏听到吆喝声想都没想就一把将他抓住，把他送进了警察局。

人们期待治好病是无可厚非的，但千万不要让这种急切的心情冲昏了头脑。试问，天下会有能够包治百病的药吗？所以，以后再遇到这种事情的时候一定要冷静地思考一下，以免上了游方医生的当。

装神弄鬼卖灵水

　　灵水灵丹之类的东西说到底就是给人一个心理安慰，如果人吃了以后能不出现不良反应，那就谢天谢地了。

　　归安县临湖镇西栅外有一个人，某天忽然说自己得到上天的指示，说自己家井里的水可以包治百病。他又拿自己的母亲举例子，说以前母亲全身都是病，不能下床，自从喝了灵水之后健步如飞，什么活都能干了。归安县的百姓听说以后，一时轰动，都纷纷来买他的水。他在自家的井边装上了栅栏，不许人靠近，只有他能走近取水，每一盅水都要卖极高的价钱。如果有谁说灵水不灵的话，那他一定要指责那个人不虔诚惹怒了菩萨，所以才没有作用。靠着这口井，这个人不久就发财了。

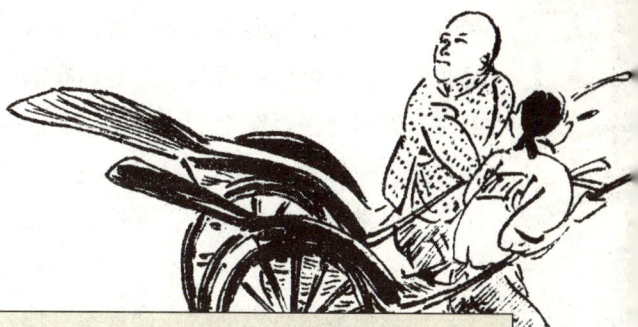

借星象骗人

　　上海市的市民可以说是最早受到西方科学启蒙的，但是他们还是会相信很多迷信骗人的东西。比如说最近相面算命、拆字算命之说到处都是，特别在英租界里有一个叫吴鉴光的算命先生，他的生意尤其好。他号称能用易经来给人算出祸福，又能够从人的面相上看出人的过去将来，其实这一套都是胡说八道。这个吴鉴光不过是小时候读过两天书，后来又下功夫把易经上的东西背了出来，其实易经到底讲的什么，他也不明白。他帮人算命靠的还是一点心理学的东西，他首先推断来算命的人是想在哪方面得到启示，接着就根据社会常识说一番朦朦胧胧放之四海而皆准的话，倒也能蒙得人一愣一愣的。

男巫骗钱

　　古时的医生，往往巫医不分，巫既代表鬼神发言，又医治疾病。巫医就是原始的医生，他们发现病人的疾病后，就开始祈祷，或是请求附在病人体内的鬼魂和妖怪离开。

　　上海南部万裕码头荣福里有个男巫陈阿根，自称是茅山仙附体为人。他在家开了个诊所，门上挂着牌子，上面写着"有求必应"。他常自称能医治各种病症。只要有人来看病，他就随便糊弄一番，收不少钱。而那时的人，非常相信巫师，认为他们看病的功夫一流，因此很多人都上门求医。而陈阿根对医术了解很少，更谈不上精通。他对不同的病人开的处方都是一样的，有时他就用一些根本不是药材的东西随便制成药，装在一个小袋里，充当药品。阿根就这么发了小财。不幸的是，有个姓蔡的明察暗访，查到了这一事件，阿根马上就被南区派出所的人押逐出境了，而在他那里看过病的人都在唾骂他，街坊邻居都在嘲笑他。类似的事在上海南部屡见不鲜，但依旧有大量百姓前往巫医处看病，百姓的这种固执和愚昧似乎有点无法挽救的味道。

　　魏晋南北朝以来，尤其是隋唐时期，许多民间医生都靠驱鬼看病下药，靠此欺骗大众的人非常多。

女巫医改邪归正

　　清朝时，巫术是很流行的，很多巫师都出去行医，他们治病的方法，往往是巫术为主，医术为辅。

　　福建泉州县南部一个巷子有个女巫医。她自称是天上神仙所生，可以替人祈福消灾，行医占卜样样精通。村里迷信的人很容易就被她迷惑了。如果有谁家里人生病，女巫医去看病时，不但要索取看病钱，还要收小费和祈福之类的钱。最近有家人求女巫医为他们祈祷除病，病人的病情在不久后果真得到好转。女巫医马上索取酬金，说是这条人命值大概三十块钱，她救人一命，就得收钱。几天以后，病人奄奄一息，最后起不来了。那家人这才知道女巫医是愚弄他们的，他们带着几个人来到女巫医的住处，斥责她，并让她交出乱收的钱。女巫医似乎有悔改之意，意识到骗人始终不是长久之计，从此做起正当行业。

　　发财致富只能走正道，一步一个脚印，正正当当地赚钱，欺骗只能是搬起石头砸自己的脚。庆幸的是，女巫医能认识到这点，从此走上正途。

扮差人吓鬼

　　古代医术不发达，所以人们生病以后，将痊愈的希望寄托于神道。有很多人相信人得病是因为被鬼附身或者是撞到了不干净的东西所致。他们宁愿花很多钱来请和尚道士做法，也不愿意把钱花在请医生看病吃药上。

　　常熟西面店弄口某喜娘家有个小姑娘生病很久一直好不了。喜娘非常着急，就用很多钱贿赂当地三司神庙里的庙祝，请他帮忙想办法。庙祝拿了她的钱，就编了一个说法，说那个小姑娘身上附了鬼魂，那个鬼魂吸走了她的精气，所以她才会生病。他让喜娘去县衙里请几个衙役过来，然后把衙役打扮成神话传说里的阎王爷的差人，然后让这些差人浩浩荡荡地走进喜娘的家，直奔那个小姑娘的床前。小姑娘的病其实只是心病，被这些人一吓，倒也好了。喜娘非常感激那个庙祝，给了他很多钱，以后逢人就夸奖他。过去妇女的愚昧，从中可见一斑。

算命先生胡诌骗钱

　　只要是人就会想听好话，算命先生的工作之一就是说好话给人听。下面这个故事说明了这点。

　　有一个算命先生在庙门口摆摊子，每天为别人算命卜卦。一天，有一个非常迷信的人来求算命先生帮他看看气色，指点他的前途。算命先生一边点头一边站起来离开座位，不停搓着双手大笑起来，又用手在那个人的背上摸了两下，连声向那个人道喜。那人迷惑不解，连忙问怎么回事。算命先生说："我看您的背驼得非常高，那说明您将会非常富有。看您的鼻子高挺，那代表了您会长命百岁，活到一百岁绝对没问题。"那个人听了之后非常高兴，不知不觉洋洋得意起来，一副趾高气昂的样子。旁边有个看热闹的人忽然对算命先生说："您的理论其实没有道理。"算命先生大惊失色，忙问他为什么。那人就说："如果像先生您说的那样，那么世界上驼背的人，难道都是富人家的子弟吗？难道长寿的人，鼻子都是又高又挺的吗？比如说彭祖（中国古代有名的长寿者），如果按照您的理论，他的鼻子该有几尺长吧。"算命先生被说得无言以对，只好向那个迷信的人收了钱灰溜溜地走了。

　　算命本来就没有根据，只不过通过观察人的言行举止揣摩他的心理。如果真的有一套可行的算命理论的话，那么世界上将不再会发生例外的事情了，一切都将会井然有序。

愚人自愚

久达公的笔记里，有一则故事非常有意思，可以说是对愚妇愚夫的当头棒喝。

有一年的七月，有个道士自称身上附了一个神道，名字叫做王灵官，可以通过算命知道人的过去未来。有一些人找他求卦，果然非常灵验。这个消息一传十，十传百，相信他的人越来越多，每天都有很多人到道观里去求他算命。

一天，有几个恶少带着妓女出来游玩，他们穷极无聊，就想捉弄这个道士。他们从戏班子里借来了衣服，依照道观里的塑像打扮成王灵官和一群小鬼的样子。当天晚上，当这个道士在屋子里做法事的时候，恶少们忽然掀开瓦片从屋顶上跳下来。打扮成王灵官的人坐在屋子当中，严厉地责问道士为什么用自己的名头出去骗人，道士唯唯诺诺说不出个所以然。王灵官于是让打扮成小鬼的那些人对道士用刑，道士急忙跪在地上磕头求饶，说自己只不过是想骗几个钱，根本没有冒犯他的意思。恶少们听他说出了实话，就都把身上的衣服脱了，露出本来的面目，得意地大笑着走了出去。第二天，道士悄悄地带了东西就从这个地方溜走了。

现如今，假冒的风气越来越盛，很多和尚道士自称是上天派到人间来的，其实都是子虚乌有的事情，相信他们的百姓请赶快醒悟吧！

旧世存影

①

②

③

④

寺观庙堂

寺观庙堂是我国悠久历史文化的象征，它完整地保留了我国各个时期的历史文物，被称为"历史文物的保险库"。寺庙也是一个释放精神压力的地方，清末民初，处于社会动荡状态下的人们往往前去这些地方求得精神安慰。那时，寺庙文化渗透到人们生活的各个方面：如建筑、绘画、书法、雕刻、庙会、民俗等。但是，对于今天的人们而言，关于"寺观庙堂"这些称呼的由来或许并不熟悉。

其实，寺观庙堂并不像人们想象的那样，仅仅与佛道有关，比如"寺"最初并不是指佛教寺庙。"寺"是佛教传到中国后，中国人为尊重佛教，对佛教建筑的新称呼。如白马寺、大昭寺等。

道教中"观"的称呼，也并不是原先就有的。道教创立之初，其宗教组织和活动场所皆被称为"治"，或称为"庐"、"靖"、"静宝"等。北周武帝时，道教的活动场所才被称为"观"。

至于"庙"，古代指的是供祀祖宗的地方，如太庙、中岳庙、西岳庙、南岳庙、北岳庙等。另外，庙作为祭鬼神的场所，还常被用来敕封、追谥文人武士，如文庙——孔子庙，武庙——关羽庙。然而，佛典中的庙，与上述意义不同，它相当于梵语中的"堵波"（一种佛塔）。到了现代，佛教的寺院一般都被称之为寺，而道教及民间宗教的建筑则被称之为庙。不过，也有人将佛教中的寺院称为"庙"的。

堂，殿也。《说文》中道："古曰堂，汉以后曰殿。古上下皆称堂，汉上下皆称殿。至唐以后，人臣无有称殿者矣。"可见，堂就是古时所说的殿，那时不管皇帝老子还是平民百姓家的正厅都称为堂。直到汉朝时，堂才被改称为殿，并且所有的堂都可称为殿。唐朝以后，只有皇帝上朝的地方才能叫殿，一般人家的正厅只能叫堂了。堂一般还指用来祭祀神祇的地方，如祠堂；也可用来称呼官府审案的地方，如大堂。随着西方文化的传入，基督教等教徒进行礼拜的地方也被称为堂，如教堂。

君子可以欺之以方，然诡诈之计可一而不可再。
故天下之诈，莫不趁良善之不备。试问心怀坦荡，胡可欺耶？

第五章

愿者上钩篇

● 金黄银白　眼花心黑

"苍蝇不叮无缝的蛋。"很多时候，只有当被害人被不正当的利益所吸引时，骗子才能够借机下手并行骗成功。甚至有的时候，首先做坏事的，是被害人，而非骗子。

第一节 ◎ 引赌骗——赌博场上无父子

赌博这种活动很刺激，又能不劳而获。最重要的是，它可以成为骗钱的手段，因此，从事赌业的人，除了流氓，还有生活艰难的小手工业者、家财万贯的纨绔子弟和富商。

赌博的结果只有两个，或赢或输，赢了的花天酒地，随意挥霍；输了的往往倾家荡产，无路可走，就敲诈勒索，无恶不作，于是世风日下。

基于赌博的种种弊端，历代政府都想法禁赌，但是好赌的人太多了，赌博成为城市的不治之症，并最终成为社会的一个产业，上至朝士，下至黎民，几乎无人不为。

赌徒们的赌注不一定是金钱，几乎所有世界上有价值的东西都可以拿到赌桌上来赌博。

209

某将军被骗

　　赵涓、楼得达都是皇帝身边的宠臣，他们常常陪着皇帝下棋。有的时候，皇上也会让二人对局，每次都用金盒装一锭赏银，得胜的接受赏银。楼得达常常战败。

　　有一次，皇帝心情很好，决定要用特别的东西赏赐这两个人中的获胜者。皇帝想出的办法是和平时一样准备一个盒子，但盒子里放的并不是赏银，而是某个人的任免书——只要凭着这份东西就可以当上比较大的官。皇上身边有个和楼得达关系比较好的侍卫听说这件事情以后，就悄悄地告诉了楼得达。楼得达知道自己很难战胜赵涓，苦苦思索了一个晚上的对策。第二天，他们俩进宫的时候，楼得达私下对赵涓说："我和你都是依靠下棋获得皇上宠爱，现在你屡屡取胜，已经很有名望了，如果我总是战败，恐怕要受责罚。盒子里的赏银不过三两之多，我愿预先奉送给你，只求你能够让我赢一次。"赵涓心想不过是偶尔输一次，就同意了。他们到宫中对局时，赵涓果然假作失败，楼得达叩头感谢赏赐。楼得达打开盒子，里面竟然是升为锦衣百户空名御史的圣旨。赵涓虽然心里懊悔，但也不敢说出实情。后来，楼得达就平步青云，而赵涓则只是陪侍在皇帝身边的一个小官而已。

僧人打赌

　　僧侣们也会参与赌局，以下的故事里就介绍一个以宗教活动为名义的耸人听闻的赌局。

　　陕西省内有几个大寺院，妖邪的僧人大多聚集在里面。这些寺庙每年必定要开展的一个活动是设置一个赌局，由每个寺院派一个僧侣点火自焚，如果谁坚持到最后，他所在的寺院就可以得到所有的布施。但是通常赢得赌局的那个人会被火烧死。附近的百姓认为这样的活动是考验僧侣虔诚的好机会，所以施舍的钱很多。奇怪的是，连续几年赢得这个赌局的都是同一个寺院。有几个当地的佛教信徒感到奇怪，就请求官府调查。又到了打赌的那一天，果然自焚的僧人已就位待焚，民众簇拥着观看。本地的长官亲自到寺庙里来观看，他亲自盘问自焚人的心情，别的寺庙的僧人都作了应答，唯独那个常胜的寺庙派出的自焚僧人不回答。于是长官让人登上柴棚察看，只见这僧人皱着眉流着泪，不说话，也不动。原来，他是被绑缚在木柴上，外面罩着僧衣，嘴上已被用了麻药，不能说话。长官用严刑审讯这座庙中的各僧，他们才招供说："他们每年捉一个过路的笨和尚，用这种办法烧死。"御史大怒，将整个寺院的僧人都烧死了。

　　仅仅为了赢得布施，就活活把人烧死，这样的赌局实在是太残忍了。

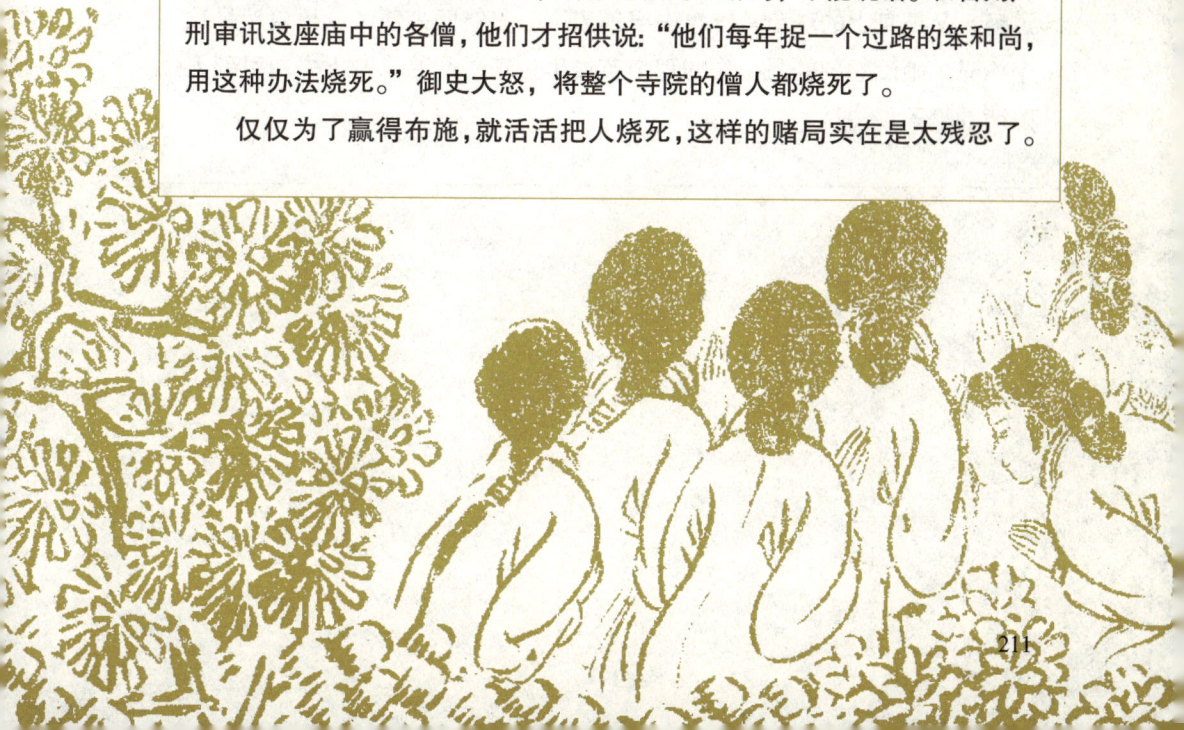

阔太太赌场受骗

这种骗术比较少见，简单说来，就是把人骗到一个赌场，先让他赢，给他点甜头，只要此人一赌上瘾，再使用一些花招把他的钱全数骗走。

苏州一条热闹非凡的街上，有位富家太太穿得珠光宝气，人人都看得出来她非常有钱。她在街上东瞅瞅，西看看，不知道去哪里消遣。有个英俊的小生假装从她面前经过，刻意和她边上一个老头说："街西头那家赌场新开张，我刚去那里过了过瘾，手气还不错，一下子赚了一千块呢！"老头应道："哎呀！有这等好事，还不带我去。"富太太听了颇为心动，想想手里的钱够她花几个月了，出去赌一把也没什么。她就跟着英俊小生到了街西头的那家赌场。赌场里的人熙熙攘攘，很是热闹。富太太也不会赌，就跟着英俊小生来到一张押大押小的桌子前面。她跟着英俊小生每次押大，居然赢了不少。富太太笑逐颜开，越玩越有劲。后来小生借口有事先走了，她继续玩，下的注也越来越大。也不知为什么，自从小生走后，富太太就只输不赢了，很快钱就输光了。富太太只觉不过瘾，又把身上的珠宝首饰拿去当铺当了很多钱回来赌，结果自然是输个精光。她没想到的是，先前那个英俊小生正是此赌局派出去勾引别人赌博的骗子！

流氓受骗

　　参与赌局的人必须服从赌博的规则，这是连无赖都必须承认的。所以有的人就利用这个条件巧妙地设置赌局让对方不得不就范。

　　某地有个流氓危害一方，很多人都吃过他的苦头。当地的一个乡绅就想戏弄一下他替大家出气。乡绅故意和流氓一起喝酒聊天，装得很亲热的样子。酒喝得正高兴的时候，乡绅忽然看着流氓叹了一口气。流氓不解，忙问他为什么。乡绅说："虽然本地的人都很害怕你，但还没有达到尊敬的程度，如果你让他们尊敬你的话，那好处会更多。"流氓一听就心动了，忙问乡绅有没有什么好办法。乡绅说："到下一次赶集的时候，在市场最热闹的地方，我和你一起表演一出戏吧。你到集市上去设赌局，就赌能不能猜到对方手里拿的什么东西。你告诉大家你能够得到神灵的帮助，能看到普通人看不到的东西。我故意装作不服气的样子向你挑战。我手里拿一块糖饼让你猜，你猜中了，人们就会信服你。"流氓很高兴地答应了。到了那一天，观看的人围得水泄不通，乡绅果然举了一样东西让流氓猜，流氓笑着说："糖饼呗。"乡绅伸出手假装佩服地说："果然厉害啊，一猜就中了。"然后就把手里的东西硬塞给流氓，让他吃。其实那是一块狗屎。流氓害怕事情泄露，只好强忍着恶心吃完了。等他吃完以后，乡绅哈哈大笑着告诉围观百姓事情的真相。众人都觉得很痛快，一起嘲笑流氓。后来，这个流氓在当地再也混不下去了，只好逃到外地去了。

第二节◎露财骗——高山点灯名头大

中国人信仰中庸之道，所以一般不会过分夸耀自己的财富，因为这会让人有一种不安全感。而骗子们就喜欢关注那些钱财很多的人，也会自己假扮有钱人换得别人的信任。财，可以帮人，也可以毁人啊。

参行老板受骗

　　炫耀自己的财富让别人放松警惕然后骗取财富,这是很多骗子会用的手法,下面我们来介绍一个典型的例子。

　　姑苏城南门外有个很大的集市,其中有很多很大的人参行。姑苏城里有一所豪宅,因为要价过高一直无人问津,忽然有一天,有个穿着四品官服的人带了家人搬了进去。他家的排场非常大,而远近有名的官员和绅士也常常来拜访他。

　　有一天,他家的两个仆人到南门外的参行去买人参,说是自家主人一家都好吃人参,把参汤当茶一样来喝,每年花在买人参上的钱不计其数。参行的老板听说过这个人有钱有势,于是很殷勤地把自己店里最好的人参拿了出来。两个仆人买了价值三百两银子的人参,当场付清了银子,并说如果主人满意的话会再来买。他们还告诉参行老板,主人的母亲、妹妹和妻子不久也要到这里来住,她们对于人参的嗜好程度更深。过了两天,这两个仆人又来到参行,说是主人对参行的人参非常满意,要老板准备好价值十万两银子的人参拿到他家里去。于是,参行老板马上派人抬着人参去了,到了这家家里,只见他们房间墙边都堆着极大的箱子,主人让仆人们把人参锁到其中一个箱子里去,再从另外一个箱子里搬银子。正在开箱子的时候,屋外忽然有人叫这个主人的名字,他让参行老板等一下,就出去见客人了。参行老板只听到外面非常热闹,仿佛有很多人在说话,其中又有搬东西的声音、小孩的哭声等等。过了一会儿,外面的声音都消失了,院子里变得一片寂静。参行老板探头一看,才发现院子里、屋里一个人都没有了。他忙叫伙计打开柜子找人参,只见那些柜子底下都是和地板相通的,东西放进去就会落到楼下。原来刚刚的喧哗声是故意要掩盖把人参从地下搬走的声音。

风流骗子

　　逛妓院的男子，多是手里有点银子的。若是没钱，只好在外干瞪眼。也有些厉害的，不带分文就大摇大摆地进了妓院，风流一番后，还毫发无损地出来。他们是如何做到的呢？且看下面一例。

　　汉口高家巷有个公子哥儿，风流倜傥，看上去很有钱的样子。他去妓院的时候，故意脱去夹着薄纱的马褂，里面露出大包大包的白花花的银子。那些妓女们偷偷瞥见了，都高兴的不得了，心想碰上有钱的主了！于是很多人都对他格外殷勤，给他上最好的茶，还请最好的姑娘伺候他。公子在妓院风流快活，受之坦然。院里的姑娘不敢怠慢他，一心觊觎他的钱，只盼着他早点掏出银元。等到结账时，那公子拿出大大的银元，说要找个人替他去兑换小钱。可是妓院没有仆人可以跑腿去换钱，于是大家就拿出自己的积蓄凑了些钱换给他，扣除他的种种费用后，找给他一些钱。后来，妓院托人把那银元拿去换钱，才发现银元竟然是假的，不值几个钱！此时公子早就跑得不见人影了。可怜妓院的人啊，一分钱没捞到，反倒赔了一部分自己的钱！

　　看来那时就有人使用假钞了，而这个风流公子正是抓住妓女们贪钱的心理，把银子露在外面吸引她们的注意力，只要下了金钩，就会有人上钩。

假冒富商行骗

即使在今天，从外国回来的人也总被认为会比国内的人有钱。骗子们常利用人们这种崇洋媚外的心理，很简单就行骗成功。

某甲是扬州人，从小就离开家乡。过了十多年，他忽然回到扬州，而且一副气派十足的样子。他告诉别人，他辗转到南洋去做生意，现在已经在那边攒了很大的一笔家业，但是他思乡心切，所以决定回到扬州生活。他在城里买了房子并雇了好几个仆人，每天出去采购名贵的装饰品。

有一天，他到一家珠宝翡翠店里买东西，挑了大概几千两银子的东西。他预付了三百两，又对店老板说不久新加坡那边会汇大笔的钱过来，到时候再一并结账。过了几天，他果然拿了钱来付清了账。城里有好事的

人到邮局打听，果然是有一大笔钱从新加坡汇来给他。于是大家都觉得他是一个海外的大富翁。从此以后，城里的店铺都想做他的生意，绅士们都想巴结他，甚至有一个盐商还把自己的女儿都嫁给了他。过了半年左右，某甲在城里各个店铺买的东西已经累计了几万两银子，他对店铺老板说等国外的钱汇回来就付账。老板们也都很相信他，还一个劲地鼓动他买更多的东西。有一天，有一个自称是同在海外做生意的朋友来拜访他，两人相约到酒楼畅饮。喝酒的时候某甲忽然说觉得冷，让仆人回家去拿衣服。等到仆人再回到酒楼，某甲已经走了。有人说看到他和朋友上了一艘船，这船似乎也是事先雇好的。仆人大惊失色，忙回家查看，只见家中放贵重东西的箱子都不见了。过了一会儿，听到消息的店铺都派人来抢东西，可惜剩下的东西都不值钱，甚至不到他们损失的十分之一。

地方蟊贼

　　尊敬读书人是中国社会从城市到乡村的一个优良传统,但是有一些明明不是读书人的人,打着读书人的幌子,在乡里间招摇撞骗,不仅败坏了读书人的名声,也使百姓受害。

　　江苏省长洲县北乡有个张某,本来是租了人家田地的佃农。去年他忽然扔下田里的活到苏州城里去混日子了。他进了一个讲习所学习,但是不久就因为触犯校规而被开除。张某在城里待了几个月,终于混不下去了,于是决定回乡。他事先写信回家,对别人说自己是讲习所毕业的。他暗暗勾结自己的亲戚陈某,让陈某在村里挨家挨户收钱,说是为了庆祝他毕业。又命令大家从土地堂里借出了伞扇等东西,到村口迎接他。他回到家以后,就装作大官的样子,每天作威作福。他立下一个规矩,说是全村不论男女老幼,只要有诉讼之类的事情,必须由他经手。如果不听他的话,那么他就要把人送到官府去。全村的人都敢怒不敢言,害怕他真的打击报复。他的亲戚陈某本来只是一个无赖,现在也变得非常神气,狐假虎威起来。陈某和同村的周某有宿怨,某天晚上,陈某把自己的牛赶到周某的牛舍里去,然后一口咬定周某偷了自己的牛。张某就利用这件事判周某赔偿陈某十元银洋。张某和陈某狼狈为奸的事情数不胜数,如果官府再不加以惩治的话,恐怕百姓的日子会越来越艰难啊。

靴丐骗钱

　　最近上海丝茶店铺里常常碰到一些无赖。这些人买了东西以后不给钱或者给很少的钱，店主人向他们索要的时候，他们就说自己是老板认识的人，要求赊账。又或者是从靴子里拿出一些报纸，指着上面名人的名字说自己是那些人的朋友。店铺伙计往往碍于面子，并且也害怕他们真的是老板的朋友，只好让他们赊账拿走东西。这些人被人取了个外号叫"靴丐"，意思是仪表堂堂、衣冠楚楚的乞丐。

　　江苏某孝廉投资开了一家南货铺子。有一天，有个人到他的店里买东西，一共价值五百文钱。可是结账的时候那个人浑身上下摸了一遍，也才找到三百多文钱。那个人就要求店伙计让自己赊账，店伙计看他是个陌生人，从来没有来买过东西，就拒绝了他。这个人就大声说："我是你们店主朋友的侄子。"某孝廉听他说出的名字确实是自己的朋友，就跑出来看个究竟。某孝廉仔细端详了那个人，又询问了一些事情。那个人从靴子里拿出一张京报，上面写了那个朋友的消息。他把京报给孝廉看，又说："我受我伯父的委托来看望您，可惜您眼界太高，看不起我。那我就不打扰您了。"说着他卷起京报照旧塞在自己的靴子里，又从伙计手里把刚才付的钱拿回来，然后拎着挑选的货物大摇大摆地走了出去。某孝廉因为拿不准他到底是不是朋友的侄子，也只好让他走，没有阻拦他。

　　中国人好面子，轻易不会让别人和自己的面子受到伤害，也正因为如此，很多商人不敢得罪人，哪怕自己吃亏也行。这种心理往往会助长骗子的嚣张气焰。

第三节◎买学骗——画虎不成反类狗

读书人讲的孔孟之道，尊的是仁义礼智信，所以品德应该比一般人高尚才是。但是还是会有一些斯文败类，自己不能取得功名，就想用不正当的途径来获取。

冒充学界能人行骗

　　安徽省南部泾县有个姓胡的先生，他离开家乡在外地流浪已经很多年了。有一年，他忽然写信回家说要回去探亲。他在信里说自己已经是法政大学的毕业生了，家里人非常引以为傲，于是张罗着要迎接他。他回来的那一天，连县衙里的欢迎队伍都出动了，场面非常壮观。没想到，县里面的报纸专门登载了这件事情，把他吹牛所说的各种经历都写了上去。胡先生看到谎言上报，非常担心有知道真相的人出来揭发他。一旦他冒充大学生的事情被戳穿，不仅仅是他，他的整个家族都会被人看不起。于是，他想了一个办法。他花了几十块大洋从一个人手里买到了南陵师范的毕业证书，又从另外一个人手里买了一张法政大学讲习所的毕业证书以及一本同学录。这几样东西上面的名字都不是他的。他用橡皮擦去原名以后写上了自己的名字，以为可以就此高枕无忧了，哪里知道他的行为被当地一个姓何的人发现并向县官揭发了，目前情况还不清楚，但是胡先生已经惶惶不可终日了。

假状元

状元每年只有一个，名字自然传遍天下，几乎每个读书人都知道。可是在古代没有照相机，人们虽然知道名字，可是和本人并不能对上号。有的人就利用这种漏洞来骗人。

一年，新科状元诞生了，他的名字叫刘春霖。此事一公布，状元的名字便传遍了天下。状元的发展空间很大，如果做得好会得到晋升，所以状元也就成了很多人的巴结对象，请客送礼的人络绎不绝，都快把门槛踏破了。看到这些，有人分外眼红，于是在利益的驱使下，某甲开始冒充状元了。

某甲以状元的名义在南京、芜湖等地招摇撞骗，无所不为。还别说，"状元"这个头衔真的很好用，只要打出状元的招牌，到哪儿都畅通无阻，而且还有很多人送礼。这段时间，某甲赚了很多钱，也过足了状元瘾。他见这么长时间了都没人识破他，便大胆起来。

某日，他又到镇江去行骗，还大摇大摆地住进了一家旅馆。他本来想在此地大赚一笔，然后再转移他地。可能他太过招摇，结果被人识破了，那人将他告到了县令那里。没过多长时间，县令就带着人来抓捕他，将他带回了县衙。

回县衙之后，县令开始升堂审讯他。没想到，某甲居然矢口否认自己假冒状元的事情，只是说自己是刘春霖的亲戚。县令也不知道该如何处理这件事情，他没有足够的证据证明某甲是一个骗子。于是县令派人向总督报告了这件事情，等待总督的裁断。

总督经过一番仔细调查之后，终于确认某甲确实是一个十足的大骗子，而且已经在多个地方作案。总督最后依照律法给某甲定了罪，此事也算了结了。

状元是一个令人艳羡的头衔，但是如果在状元前面加上一个假字的话，恐怕只能让人看不起了。

假冒学幕行骗

　　自古以来，商人的地位就没有读书人的高，所以有很多商人千方百计地想要自己的孩子、弟子能够读书当官。

　　有个姓金的浙江富商曾经带着自己的子侄们上京赶考。考试日子将近，金富商每天在住处督促子侄们温习功课。忽然有一天，有人上门拜访他。那人自称姓陈，也是浙江人，现在在学使手下当幕僚。他说以前曾经得到过金富商父亲的帮助，所以现在一听说他们到了北京就来拜访，想要报恩。金富商半信半疑，但还是留他吃饭。酒席进行到一半时，忽然有个人闯进来，说是学使有急事要找这位陈学幕办。金富商于是亲自驾着马车送陈学幕回衙门。到了衙门前，陈学幕告别金

富商，大摇大摆地走了进去。衙门口当差的公人还恭恭敬敬地向他问好，金富商这才相信他是学幕。之后几天，陈学幕常常来拜访金富商，并且说自己有办法把金富商的子侄都列在登科及第的名单里。金富商对他感激不尽，托他一定要办成这件事。陈学幕又说自己虽然是一片好意愿意帮忙，可是还要打点衙门里的人。金富商于是送了他一千两银子当作"公关"费用。等到考试结束，金富商的子侄们却都没有考上。这时再要找那个陈学幕，却怎么也找不到了。金富商托人去学使那里打听，才知道根本没有这样一个幕僚。原来，那天他走进衙门时衣着华丽、态度高傲，公人们虽然不认识他，但也不敢得罪他，所以才恭恭敬敬地让他进去。

陆军学生骗银酿祸

　　很多骗子的可恶之处在于，他们假托各种各样的名目行骗。下面这个案例就是关于一个学生欺骗两个真诚求学的兄弟的故事。

　　石门县的学生严宏武带着他的弟弟严继光去长沙的一个明德学堂，路上正巧碰到一个陆军小学堂学生汤可南，两人一见如故，于是友好地攀谈起来。汤可南告诉他现在去陆军学校报名，不用交学费，而且毕业后可获得最优奖。今年招考的学生，只要交两百两，就可以被录取了。严氏兄弟果然心动了，很快就进了汤可南的圈套。他们将身上所

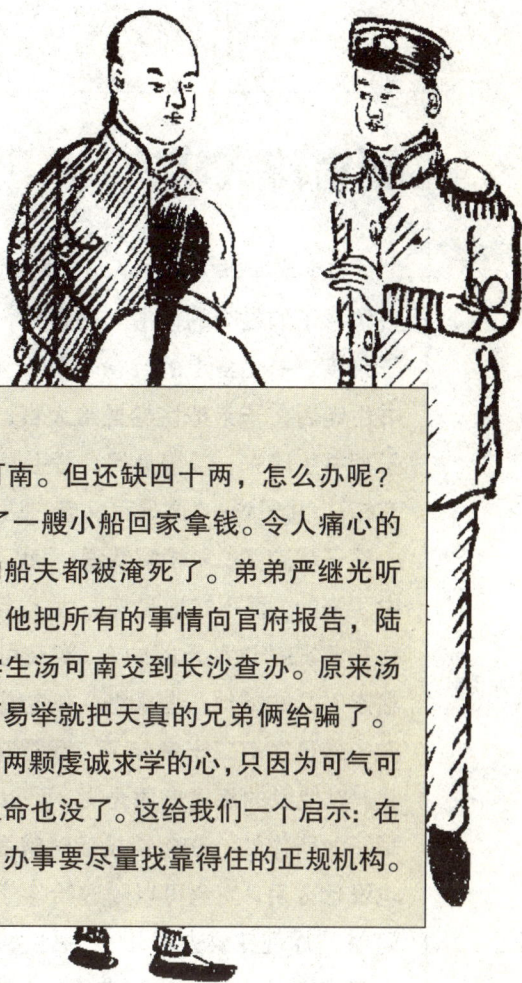

有的盘缠一百六十两全部交给了汤可南。但还缺四十两，怎么办呢？汤可南又催得很急。后来，严宏武雇了一艘小船回家拿钱。令人痛心的是，那艘船在洞庭湖被风吹翻，他和船夫都被淹死了。弟弟严继光听到这个消息，悲痛不已，追悔莫及。他把所有的事情向官府报告，陆军小学总办汤观察听到后，马上将学生汤可南交到长沙查办。原来汤可南所说的一切都是虚假的，他轻而易举就把天真的兄弟俩给骗了。

本来是风华正茂的两个少年，怀着两颗虔诚求学的心，只因为可气可恨的骗子，他们的钱掉进了水里，连人命也没了。这给我们一个启示：在任何事情面前，都不要失去思辨能力，办事要尽量找靠得住的正规机构。

剽窃诗文求官

有个大官非常爱护人才，常常提拔保举有才华的读书人。一天，有个自称举子的姓李的读书人来拜见，正巧这个大官生病，就派子弟去会见。子弟接过书生呈上的诗卷一看，上面正是大官当年参加科举时作的文章。书生走后，子弟把诗卷呈给大官，大官也非常惊讶。第二天，大官叫儿子把书生请来，慢慢盘问，书生说："诗文的确是我平生苦心所作，不会有错。"儿子说："这是我父亲过去写的，你不要瞎说了。"书生听后脸色一下子就变了，急忙解释说："我确实在瞎说，我花了一百钱在京城书铺中买来的，真不知道是您家大人亲笔所写。"儿子把这事转告了父亲。大官笑着说："这种无能的人，实在可怜呀！"于是把书生留下来吃住几天，临走时又送给他一些绸缎。书生道谢后又恳求道："我带着您的诗文在江淮一带已经有二十多年了，我冒昧地请求您老人家，把您的诗文赠还给我，以使我的旅途增添光彩，可以吗？"大官说："这些诗文是我过去当举子时所作的，在旅馆投宿时就丢失了。现在我是个年老的郡官，诗文也没什么用，完全可以赠送给你。"书生高兴地把诗文塞入袖子里。大官问他："你现在要去哪儿？"书生回答说："准备去江陵投奔岳丈卢尚书。"大官继续问："你岳丈现在任什么官职？"书生说："现在是荆南节度史。"大官追问道："什么名字？"书生答："卢弘宣。"大官听了禁不住拍掌大笑着说："秀才，你又错了，卢尚书是我的岳丈。"书生羞得无地自容，狼狈地叩头告退，仓皇而逃。

书生剽窃他人的文章求取功名，可谓斯文扫地啊。

電報局

第四节◎换银骗——黄金变金金化水

很多骗子靠着制造假金银发财。在他们之中，不乏大奸大恶之人。无论是金银还是首饰，他们都能伪造，更令人难以提防的，是他们卖假的骗术。

233

钱庄受骗（一）

　　很多时候，人们发现自己占了便宜之后都会暗暗高兴，并不告诉那个被占便宜的人。但是，有的时候骗子们正是利用这一招来骗人。因为自以为占了便宜的人心中有愧，所以最后往往不能够说清楚。

　　南京城里有一个老翁去钱庄换银子。他故意装着眼花看不清，和店伙计纠缠。过了一会儿，一个少年从外面走进来，称呼这个老翁为大伯。他说老翁的儿子刚刚派人带了银子和信给他，说完把东西交给老翁就离开了。老翁对店伙计说自己看不清信，让他帮自己看看。信上写的是他儿子送了十两银子的一个元宝给他当作生活费用。老翁喜上眉梢，对店伙计说："刚才的银子不用管了，我就把这个元宝换成洋钱好了。"伙计称了一下那个元宝，有十一两多。伙计心想说不定是那个儿子匆忙中没有来得及称一下，所以并没有告诉老翁，而是直接换给他价值十两银子的洋钱。老翁走了以后，旁人提醒伙计说当心银子是假的。伙计剪开元宝一看，里面竟然是铅。多亏店里有人认识老翁的家，伙计忙追了过去。可是老翁并不承认伙计拿的那个假的元宝是自己的，他辩解说："我的元宝是十两的，这个元宝这么大，一定不止十两。"老翁让人拿秤来称，果然有十一两多。旁观的人都觉得是伙计来讹诈老翁，反而一起责骂他。

　　伙计为了区区一两多银子，就赔上了十两银子，真是得不偿失。

钱庄受骗（二）

　　制造谣言说某一些普通的东西具有特别的价值或功能，可以达到哄抬价格的目的，这也是骗子们常用的一种手法。

　　乾隆年间制造的铜钱，有的时候在钱的背面有一个小窟窿，其实也不过是工匠在铸造的时候不小心留下的。有一段时间，江苏海门有一个商人以高价收购这类铜钱，说是里面含着金子，一文这样的铜钱可以卖到二十多文。他和各个钱庄的人约定到某一天上门收购这种钱，于是海门的钱庄纷纷开始收集这种钱，有的店铺甚至以高价购买了几千枚。哪知道到了约定交货的日子，这个商人却不见踪影。原来他自己带了很多这样的钱到海门，故意放出要收购的消息，等到别人要寻找这种钱的时候就派人出售。

　　类似的例子在现代也不少见，比如说骗子们散布谣言说某一些普通的中药里具有治疗癌症等疾病的作用，受骗上当的药店就会疯狂地采购这种药物，价格也会被哄抬成几倍几十倍。

钱庄受骗（三）

语言是很微妙的东西，有的时候歧义也能达到行骗的目的。

中国原来没有洋钱，后来才从墨西哥传入的。洋钱由于铸造技术的不同分为好钱和哑钱，哑钱比较不值钱。有一天，有个人到钱庄请伙计帮忙看一枚洋钱，伙计说这是好钱。他把钱拿到手里悄悄地抹掉了上面的图章，然后又递给伙计，伙计说这是哑钱。这人于是让伙计把洋钱换成银子。伙计换了一个洋钱的银子给他，他顿时叫起来。此时店里还有很多别的人，都来问是怎么回事，此人说："诸位都听到的，刚才我给了他两个钱，他说一个是好钱，一个是哑钱，可是我让他换银子给我，他只换给我一个洋钱的银子。"他又让众人搜他的身，他身上果然没有另一个洋钱。伙计没有办法，只好又给了他一个洋钱的银子。

新议员骗生意人

利用汇兑来骗钱是金融业不发达时期的一种骗术。骗子们往往使用假的或者已经失效的汇票来向被害人套取现金。

绍兴有个新当选的国民政府的议员黄赞义，常常说自己是桐庐煤矿的大老板，并借此招摇撞骗。有一次，有个桐庐的生意人到绍兴收账款，偶然认识了黄赞义。黄赞义看他手头上有一千四百多元现金，便一个劲鼓动他不要去市面上的钱庄汇款，说是非常不安全。黄赞义又把自己是桐庐煤矿大老板的事情吹嘘了一番，说："你把现钱给我，我给你开一张桐庐煤矿的汇票。你到了桐庐以后直接去桐庐煤矿找财务处的人就可以了，绝对不会出问题的。"生意人看他是新任议员，又听他吹得天花乱坠，就相信了他，把现金全都给了他。等到这个生意人回到桐庐，兴冲冲地去桐庐煤矿拿钱的时候，才知道煤矿的老板根本不是这个黄赞义，而那张汇票也是伪造的，而自己只是白白被人骗走了一千四百元。

本文中的骗子是一个议员，这样的身份使他更容易被人相信。但是，骗子终究是骗子，即使是议员也不例外。

调换珍珠行骗

常在河边走，哪能不湿鞋。即使是身经百战的老掌柜，在处心积虑的骗子面前，也有可能会看走眼。

清朝末年，在上海有个当铺的掌柜，年过六旬，干当铺的行当已经有四五十年了，在同行中被尊称为老前辈。但就是这样一个一生谨慎的人，竟然也会被骗子所骗。

一天，当铺来了一个穿长袍戴礼帽，一副绅士打扮的人，说是要典当珍珠一颗。说完，他掏出珍珠一颗，请求典当。老前辈接过一看，此珍珠光洁明亮，实在是千金也难买到的珍品。一谈价，来人要 500 元，老前辈还 300 元，后来又增至 350 元、400 元，来人还是不肯，说话间要回珍珠，假装要走的样子。忽然，他又停下脚步神秘兮兮地说："请你仔细看看，这颗珍珠的价值在千金以上，我是经营珠宝的，你是从事典当的，我们都是行家里手，应该知道价格。我现在急需 500 元现金，如果你能把价钱提高到 450 元，我可以回去再拿一些小珍珠，一起典当 500 元。"老前辈一听就同意了。过了一会儿，来人拿来了一个盒子，递给老前辈说："里面共有 50 颗珠子，你自己挑选 20 颗吧。"老前辈全神贯注于挑选小珠子，因为小珠优劣参半，不精心挑选不行，那人在旁边装出不耐烦的样子，催促说："我要赶时间，先生还是先把大珠子收起来，不必和我计较小珠子了，一周内我一定会来赎的。"老前辈听了这话，就把大小珠子放在两个盒子里，藏到保险柜里。他取出现钱，如数交给了那个人。那人高高兴兴地走了以后，老前辈又拿出珍珠再三检查，发现大珍珠竟然是假的。原来刚开始老前辈看到的珍珠是真的，等老前辈全神贯注地挑小珠子的时候，骗子就把珍珠掉包了。

第五节◎假银骗——识树识皮不识根

社会上常常会出现假货，很多时候几乎可以说是仿冒的多过于真货。凡是食品药物等东西，如果是假的，就会对人的健康有所伤害。至于使用假钞假银，则更加罪孽深重了。

购银洋受骗

　　清末时洋钱和银子同时流通。有个王大户是做生意的，常常需要把银子换成洋钱。按照市价，一枚洋钱大约值七钱三分银子。有一天，他的朋友介绍他去一家钱庄，只需要用七钱二分就可以换到一枚洋钱。钱庄老板有一天偶然提到店里换出去的洋钱都是自己铸造的。王大户请人鉴定这些洋钱，发现和国家铸造的一模一样。王大户又向钱庄老板打听铸造洋钱的利润。钱庄老板告诉他铸造一枚洋钱需要七钱银子，所以利润非常高。王大户于是央求钱庄老板到家里为自己铸造洋钱。老板说铸造的方法非常简单，如果在王大户家里的话，恐怕方法会被他偷窥到。王大户发财心切，便答应让钱庄老板在他自己的店里铸造洋钱。王大户一下子拿出七千两银子给钱庄老板，约好三天后去拿钱。三天以后，当王大户让仆人挑着箩筐去钱庄时，发现那里已经是人去楼空了。

　　私自铸造银洋本身就违犯了国家的法律，因此王大户在受骗以后很难得到官府的帮助，只好自认倒霉了。

骗马和马鞍

用假银子来买东西很容易被发现,但如果只是用那假银子当作暂时的抵押品,则商店的老板不会那么仔细地检查。正是这一漏洞让骗子连续骗了两家店。

京城里有个卖骡子和马的大集市。有一天,有个戴着五品顶戴的人来到卖马鞍的摊子上,买了一个马鞍,他拿出一大锭银子给摊主,又说:"我的仆人去买别的东西了,你能不能派个人帮我把马鞍拿到卖马的集市上,我买好了马可以用。"摊主于是派了仆人跟着他去马市。在马市上,这个人挑了一匹好马,他对卖马的摊主说:"我骑马出去遛遛,看它到底好不好。"摊主看到有个仆人跟着他,觉得很放心,就让他去了。他这一去就再也没回来,摊主着急了,问那个伙计说:"你家主人到哪里去了?"伙计惊讶地回答:"他不是我的主人,我是卖马鞍的店里的伙计。"摊主意识到上了骗子的当。伙计说:"幸亏我家主人那里还有他留下的一大锭银子。"两人回去一看,才发现那锭银子也是假的。

三千假银票骗得官职

　　虽然使用假银是错误的，但有的时候，竟然可以产生好的效果。

　　有个人虽然已经考取了举人，但是朝廷一直不给他安排官职，举人整日发愁。不知不觉又到了年底，举人看家中妻儿嗷嗷待哺，便向朋友求助。朋友告诉他当今的相国最有势力，安排一官半职简直是举手之劳，只是这位相国最爱孔方兄，没有钱，求他什么也没有用。举人于是自己伪造了三千两的银票，用红包包好，带着假银票去相国府拜访。举人把红包送给相国，说里面包了自己小小的心意三千两银票。相国当下大喜，变得热络起来。举人趁机请相国给自己写一个条子，内容是让工部给自己安排一个官职，相国大笔一挥就写了一张条子。举人拜谢以后就告辞了。看在三千两银票的面子上，相国亲自送他到大门口，举人上车之前忽然对相国说："晚生有一件事不得不告诉相国大人，刚才送的那个红包里的银票是晚生自己伪造的。"说完就上车走了，只留下相国目瞪口呆地愣在那里。

　　用假银行贿，可谓实惠到家，同时因为受骗上当的人不能够向官府告发，所以危险性也不是很大。

243

旧世存影

钦命考驗游學畢業生閱卷大臣 臣唐景崧取優等宣統二年九月初三日奏

余紹宋字樾園浙江龍游縣優行廩貢生留學日本法政大學畢業奏 臣高

庚戌科學部試卷

上諭禁賞給法政科舉人欽此

①

陽曲縣第二區西並咸村 馬八年十學 日 金字第六十二號 五歲重 民國二十五年四月

②

　　中国近代的新式学堂是随着外国殖民者的入侵和国内知识分子的觉醒逐步发展起来的。一批具有先见之明的知识分子，如曾国藩、李鸿章、张之洞等，开启"以夷制夷"的模式，模仿西方的自强运动。

　　鸦片战争后，清廷慑于西洋的船坚利炮，采纳洋务派的主张，开始"兴西学"，以图"富国强兵"。1863年（同治元年），"同文馆"设立，这是开新式教育之始。1901年（光绪二十七年），清政府命各省设大学堂，各府厅设中学堂，各州县设小学堂。这些学堂大体可以分为三类：语言学堂、技术学堂和军事学堂。洋务教育的教材科目以四书五经为主，以历代史鉴及中外政治艺术为辅，主要学习"洋文"和"洋枪、洋炮，洋机器"的使用、制造。

　　经过洋务派苦心孤诣的经营，洋务学堂得到不断发展，形成了我国近代的专门学堂和高等学堂的基础。民国政府在继承清末高等教育已有成果的基础上，也部分地继承了清末的办学方法。民国时期，教育制度屡经改革：1912年9月公布"小学校令"；1913年公布"视学学务细则"；1915年颁布"教育纲要"；同年改初等小学为国

清末民初之教育

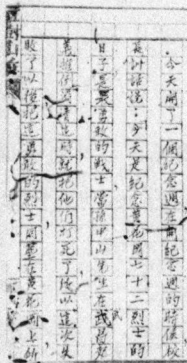

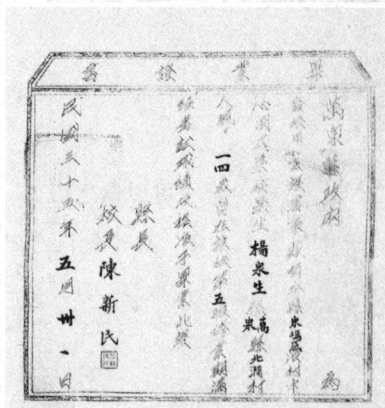

③

④

民小学,规划四年国教为义务教育;1919年制定"全国分期施行义务教育年限",促进国民教育,致力于扫除文盲。

　　但是,民国初年在大学教育得到发展的同时,因为社会经济发展水平的限制,当时不少专科学校受到了一定程度的冷落,发展速度减缓,使民国初年部门办学的成绩反倒没有清末显著。据有关资料记载,从民国元年到民国九年,当时专科学校的数量比清末时期少了35所,这说明当时的部门办学规模在萎缩。

　　清末民初教育的一个亮点是近代女子师范教育的诞生。作为新生事物的清末民初女师教育,它不仅有着自身的特点,而且打破了传统的"男尊女卑"、"女子无才便是德"的封建等级思想,促进了近代中国女性的觉醒,提高了女性的社会地位,对现代女子教育及女子师范教育也有着积极深刻的影响。

君子可以欺之以方，然诡诈之计可一而不可再。
故天下之诈，莫不趁良善之不备。试问心怀坦荡，胡可欺耶？

第六章

防不胜防篇

◎ 不怕虎狼当面坐 只怕人前两面刀

世界上是从来都不缺少聪明人的，而且自古以来，问题的发生往往不是聪明人太少，而是聪明人太多。但是俗话说得好，"聪明反被聪明误"，人一旦认为自己聪明，就会被人趁虚而入了。这一章我们要讲的故事就是关于聪明人怎样被骗的。

第一节◎骗中骗——贼被狗咬说不得

知道世界上最可怕的事情是什么吗？那就是从狼窝里逃出来后发现进了老虎洞。骗术也是如此，可能你才刚松一口气，觉得侥幸逃过一劫，却不知道还有更大的骗子在后面伺机而动呢。

布店伙计受骗

　　生活中有很多骗子可钻的空子，一不小心，你可能就会被人利用了。就连日常交流有时候也要小心，因为骗子们甚至会利用含糊不清的意思来达到行骗的目的。

　　有人在布店里挑选了大约八千文钱的布匹，他对店伙计说自己随身没有那么多的钱，请店伙计跟着自己去一家欠了他钱的人家取。

　　布店伙计拿着布跟着那个人到了他家里。走进大门，就见一个老妇人已经恭恭敬敬地等着了。客人对这老妇人说："我们讲好的是八千，你等会儿准备好了直接交给这个伙计吧。"老妇人连声答应。客人又对店伙计说："我先去找裁缝了，你就在这儿等着吧，过会儿她就会把钱给你了。"

　　客人拿着布就扬长而去了。伙计干坐在客厅里等了很久，老妇人终于从里面的房间出来了，手里拿着一串纸钱。她抱歉地说："时间实在是太仓促了，我只准备好四千，剩下的四千能不能等明天您再来取？"伙计惊讶地问："我是来收钱的，不要什么纸钱。"老妇人说："刚才那位客人和我说好的要我做八千串纸钱给你。"伙计这才知道受骗了，而那个客人已经无处可寻了，那个老妇人还一直拉着布店伙计要做纸钱的工钱，布店伙计真是有苦说不出。

　　我们平时说话常常会不经意间省略很多东西，可是一旦和钱有关，切记一定要说个明白，真金白银一分一毫也不可以马虎啊。

空手套白狼

　　"空手套白狼"的意思是一个钱也不花就行骗成功（在当今，也有零成本做生意成功的意思）。或许有人觉得不可思议，但是通过下面这个故事，或许你能明白一点。

　　有个骗子打扮得像一个富豪的样子，雇了一个小厮拿着一个看上去非常沉的箱子。他们先来到一家卖马的店，他挑了一匹马，对店主人说自己想先骑着试试，然后再商量价钱，他让小厮拿着他的箱子作抵押，店主人答应了。

　　骗子让小厮拿着箱子在卖马的店里等，自己骑了马又来到一家绸缎行，他把马拴在店门口，进去挑了一大堆绸缎。他对绸缎店的人说自己是某王府的人，要先把绸缎拿回去给主人挑，所以不能马上付钱，但是可以把这匹马押在这里，等到主人挑选了称心的绸缎后再拿钱来付账赎马，绸缎店的人也答应了。

　　马铺老板久等他不回来，就出去找。正好看见自己的马拴在绸缎店门口。他于是找绸缎店的人理论，要拿回自己的马，绸缎店的人则向他要绸缎的钱。两相争执不下，他们又打开那个小厮拿的箱子，发现里面不过是一些石块，这才明白自己上当了，就连那个小厮也白白给人家当了棋子。

　　这个故事里的骗子一环扣一环地骗了三个人，前面的人还被他利用来骗后面的。这样的骗局其实只要有一个环节被戳穿就无法成功，所以一定要保持警觉，不可轻信别人。

衣肆老板受骗

　　清末的时候，金融行业还不发达，虽然有当铺这样的机构，但是由于信息流通不畅和全程手工操作，所以留下了很大的漏洞，而这些漏洞往往会成为骗子行骗的可利用时机。

　　有一天，有个人到京城的一家大布店去买布。他挑了十来匹布，大约值十几两银子。挑完了布，他对店主说："我也是刚刚才学这门生意，什么都不懂，还要等我的合伙人来了才能确定到底买不买，我可不可以在这里等一下？"店主就让他坐在店里等。这人坐了半天，已经是中午了。他又对店主说道："我想要出去吃顿午饭，可是我身边除了买布的一个元宝之外没有带别的钱，这个元宝是我和合伙人的，我也不好随便破开来

用，不知道您方不方便派个伙计到当铺里帮我把这个元宝抵押一些零钱回来，到了下午我的合伙人来了我们再去赎回来。"

　　店主于是派一个伙计拿了这个人的元宝去当铺换钱。伙计回来后说："这个元宝是二十两银子，我押了一吊钱。"并把钱和当票都给了这个人。这人出去吃了一顿午饭，下午还是继续在布店里等，他的同伴还是不来，他着急起来，对店主说："天就要黑了，城门关了我就不能回家了。我能不能把刚才在当铺里押的二十两银子的当票放在您这里，先把布拿回去，等明天我和同伴再来和您结账？"店主人一想并不吃亏，于是收了当票就让他带着布走了。

　　哪知道接下来三天，这人都没有出现，店主人不免着急，就派伙计拿了当票到当铺里去赎那个元宝。伙计拿回来的却只有一个二两银子的小元宝。店主人到当铺里去问才知道，原来那人趁着吃午饭的时候已经把大元宝赎了出来，又押了一个小元宝进去。而当票上写的都是"押元宝一枚"。店主人这时才知道上当了。

　　这个骗子的骗术其实很简单，但是正因为他通过当铺这个当时的"银行"系统，所以衣肆老板并没有起疑心，反而觉得很放心。

购古梳被骗

用假古董行骗的事大家听得都比较多了，但是我们要说的这个故事里有一个人既用假古董来骗人，又让被骗的人有苦说不出，还要乖乖拿钱出来赔偿。

扬州有个盐商嗜好收集古董。一天，有个道士拿了一个梳子给他看，说是他家世传的宝贝——王安石用过的梳子，现在因为日子过得拮据，不得不拿出来卖。盐商和他讨价还价了一番，但是他的开价实在太高，盐商于是让他把梳子留在自己这儿几天，然后再作决定。

第二天，有个盐商的朋友来拜访他，看到他正在研究这把梳子，就大笑着说："你受骗了，我前几天看到这个人叫人打造一把梳子，和这个一模一样。"盐商一气之下就把梳子给折断扔掉了。又过了几天，道士来找盐商拿梳子，盐商把他臭骂了一顿，并说自己已经把梳子扔了。道士从怀里拿出一把梳子说："这是我前几天叫人打造的梳子，因为我怕老是给别人看那把梳子看坏了，所以准备了一把样品。我看你比较可信，所以才把真的留给你看。"又说："我们并没有成交，你怎么可以随便毁坏我的东西。现在有个富翁已经答应用五千两银子来买这把梳子，我要等着它救命的。你说该怎么办？"盐商懊悔不已，又拿不出那把折断的梳子证明是假的，只好给了道士三千两银子当作赔偿。

这个盐商之所以受骗既是因为骗子手段高明，也有他自己意气用事的原因。如果是比较冷静的人的话，应该还不至于上这种有苦说不出的当。

254

刚出狼窝，又入虎穴

　　好人和坏人往往不是一时就能分辨清楚的，可能这一分钟对你施以援手的人，下一分钟就想从你身上捞取什么好处。碰到这样的假好人，尤其要小心。

　　日前胶济铁路附近有个歹人拐了一个妇人要带到别的地方去卖。他们到了火车站还没上车，妇人的家里人就闻讯追来了。歹人一时害怕就丢下妇人自己跑了。车站的站长看妇人一人呆立着，便骗她说已经通知了她的家里人，让她在车站的办公室里等，不久就会有人来接她的。妇人信以为真，就跟着他走。哪知道站长并未把她带到办公室，而是硬拉上汽车带回了自己家。后来这个妇人迫不得已只好嫁给了站长的儿子为妻。

　　如果说拐卖妇女的那个人是坏人的话，那火车站的站长则是披着羊皮的狼。这个妇女从一个坏人手里落到另一个坏人手里，最终还是没有逃脱悲惨命运，实在令人惋惜。

认乞丐为父行骗

　　世界上绝没有白吃的午餐，当然乞丐也不会平白无故有个当官的儿子来认。所以很多时候以为遇到了天上掉馅饼这样好事的人，往往最后会被馅饼砸个不轻。

　　有个有点耳背的老乞丐在街上乞讨，忽然有一顶轿子停了下来，里面奔出一个穿着五品官服的人一把抱住他，叫道："爹爹，我只是出门几年，您怎么穷到这个地步了？实在是我的罪过啊。"乞丐知道他是认错人了，但是看他衣着华丽又有仆人跟随，就说："儿啊，我老糊涂了，以前的事情就好像做梦一样，都记不起来了。"这个官于是认了老乞丐为父，把他接到家里，又派人把老乞丐打扮一新，并用各种补品调养。一个月下来，老乞丐俨然是另外一个人了。

这一天，官对老乞丐说："儿子不孝，一直没有照顾您老人家。今天我们一起到街上去给您买一些衣服，然后您就跟着我去外地赴任吧。"又说："父亲毕竟在街上乞讨过，恐怕会被人笑话，一会儿买衣服的时候您觉得好就摇头，不要说话。"

　　两人来到城里最昂贵的服饰店。官悄悄对店主说："我父亲和我今天来是要替我妹妹准备嫁妆的。"他挑了很多昂贵的衣服，每次都装作很孝顺的样子请老乞丐过目，老乞丐看了都摇头表示同意。官对店主说："我父亲似乎不喜欢这些衣服，每一件都摇头，但不知道我妹妹意见如何，不知能不能拿回去让她看了再作决定？"又说："我父亲年老行动不便，就让他在此地等一下，我一会儿就回来。"店主点头应允，官拿着衣服布料就此一去不回。店主追问老乞丐，才知道两人素不相识。

　　从此以后，老乞丐照旧在街上乞讨，只不过身上穿的是一套非常昂贵的衣服。

　　老乞丐一开始以为骗人就能得个当官的儿子，哪知道最后也只是沦为人家骗人的工具。从哪儿来又回了哪儿，也真是造化弄人！

当铺掌柜受骗

　　用假的首饰骗当铺的钱并不稀奇,奇的是用一对假的镯子可以连着骗同一个人三次。这究竟是怎么回事?且看下面这个故事。

　　有一个衣着华丽的人乘着马车带着仆人来到一家当铺。他摘下自己的一对金手镯交给掌柜的,说是有急事要先抵押一些钱来用。掌柜的仔细检查了这对镯子,确定是真的,每一只重五两。这个人把这对镯子押了五百贯钱就急急忙忙地走了。

　　这时,当铺门口坐着的一个乞丐脱下自己的破棉袄,也要掌柜的给他二十贯钱。掌柜的大声骂他,乞丐不怒反笑说:"一对假的镯子都可以换五百贯钱,为什么我的棉袄不可以换二十贯钱?"掌柜的一听心里纳闷,急忙把镯子拿出来检查,发现手镯已经不是刚刚那一对了。他问乞丐怎

么知道这是骗子，乞丐说："这是个有名的骗子，我知道他住在哪里，只要您给我点钱，我就带您去找他。"掌柜的于是给了他两贯钱。

乞丐带着掌柜的来到一幢房子，果然看到刚才那人正和看上去是当官的人在吃饭喝酒。掌柜的不敢在大官面前争吵，只是悄悄地把那个人叫出来对质。那人一听镯子是假的就生气了，一口咬定是掌柜的掉包了，两人争吵起来。那个当官的听到声音，把两人都叫了进去，问明缘由后就笑着对那人说道："我们都是有身份的人，情愿吃亏也不要让人看不起。你就把钱还他吧。"那人好像很委屈似地把银票拿出来还给掌柜的。

掌柜的非常高兴地回去了，但是到晚上再拿出来看的时候，发现那银票也是假的。等到这时再去那幢房子，已经人去楼空，就连那个乞丐也不知所踪。

这个故事最妙的地方是连乞丐都是骗子一伙的，可谓是涓滴不漏啊，大到五百贯钱，小到两贯钱，只要能骗到手的，这帮骗子就把握机会骗！

259

第二节 ◎ 骗盗骗——逆风点火自烧身

有一种骗术是大快人心的，那就是反过来骗那些骗子。能做骗子的人当然都是聪明人，但是夜路走多了难免有遇到鬼的时候，骗子也会有被人骗的一天。

受骗上当的人常常是因为贪小便宜，殊不知骗子也是人，贪小便宜的骗子也不少见，既然贪小便宜，那上当也在所难免了。

骗子被骗（一）

　　北京城里的人力车分为两种，一种叫站口车，比较干净，车主也是正派人。另一种叫跑海车，这种车非常破旧，车主也往往不是好人。

　　有一个外省的举人来到北京拜访亲戚。他每天出外都不雇站口车，而是雇跑海车。而且他总是带着很多包裹，每个包裹上都贴着标签，写着"鱼翅"、"海参"等，当他在亲朋家逗留的时候，他就把包裹留在车上，让车主在门口等着他。有一天，他去拜访朋友，照例把包裹都留在车上，嘱咐车夫在门外等着。哪知道他从朋友家出来时这辆车已经不见了。朋友大呼上当，举人却呵呵笑起来，原来他那些包裹里装的不过是土块。如果有哪个车主想要拿走包裹，那他就可以省下车钱了。

骗子被骗（二）

用蒙汗药骗人的事时有发生，但是蒙汗药是不会认人的，被骗的人能吃，骗子当然也能吃。所以，有的时候被蒙倒的，可能是骗子自己。

河南有一种骗术是这样的。有一种妇人，假装和家人走散，在路边哭着求路过的车夫送自己回家，等到上了车之后，她们就会假装好心，送加了蒙汗药的食物给车夫吃，把车夫蒙倒后自己驾着车就走。

有一天，有个车夫在路边看到一个哭泣的女子，说自己与哥哥走散了，想求车夫送自己回家。车夫知道她是骗子，但是并不挑明，而是让她上车。上车后这女子拿出饼来给车夫吃，车夫悄悄地把饼藏了起来。过了一会儿，他们路过一个茶肆，车夫下车买了两碗茶，把那女子给自己的饼的碎屑洒在其中一碗里，给那女子喝。那女子并不知情，喝茶以后就被蒙汗药迷晕了。等到她醒来的时候，已经在车夫家里了。车夫威胁要送她去官府，她哀求车夫说自己是被坏人逼迫，现在情愿跟着车夫生活，再也不做这种骗人的事。

这个聪明的车夫既免于一场祸事，又得到了一个服侍自己的老婆。

骗子被骗（三）

　　有个人绰号"徐大诳"，因为他平时常常诓骗别人。

　　有一次，徐大诳和朋友去苏州做生意，朋友对他说苏州骗子很多，一定要小心。于是他拿了两块洋钱，说自己要出去会一会骗子。徐大诳先用两块洋钱换了一百多个孩子玩耍用的假铜钱，用布一包，看上去是鼓鼓囊囊的一包钱，然后在城内四处游荡，想找个骗子来耍弄一番。

　　忽然，徐大诳看到古玩店门口有一个人，穿着狐皮大衣，鞋子、手套、帽子也都是皮的，手里拿着一根玉的烟斗，一副闲人的样子。徐大诳于是走上前去问道："请问您是不是本地人，我是外县人。我妹妹不久就要成亲了，我到苏州来买衣服、绸缎给她当嫁妆，可是我不知道本地哪一家衣服店比较可靠，请您指点我一下。"这人就告诉他该去何处买绸缎布料。徐大诳又央求他说："我初来乍到，辨不清方向，麻烦您和我一起去吧。"这人于是带着他去找店铺。途中，徐大诳忽然说自己饿了，邀这个人去酒楼吃饭。两人刚在酒楼里坐定，徐大诳就说："我一向有犯痢疾的毛病，现在又犯了，要去茅厕解决一下。我这个包袱里有一百多洋钱，拿到茅厕去实在不方便，不知您能不能帮我照看一下。"这人一口答应。徐大诳又说："我们相识也不过几个时辰，不是说我不相信您，实在是我不放心这一大笔钱，麻烦您把身上的衣服鞋帽给我穿了当作抵押，我回来后就还给你。"这人心想自己全身的行头加起来不过二十多块钱，而这包袱中起码有一百多块钱，自己绝不吃亏，于是把自己的衣服全脱下来给徐穿了，连烟斗都给了他。徐大诳刚一离开，他就提了包袱走了。等到这人回到家打开包袱，才哑然失笑，说道："我今天想骗人，想不到竟然被别人骗了。"

骗子被骗（四）

　　被骗子骗了后，除了气恼之外，还有一件事可以做，那就是从骗子那儿把损失挽救回来，让我们看看这个故事中的受骗者是怎么做的。

　　有人在看戏的时候被人偷走了怀里的钱包，他的朋友问他丢了多少钱，他说大概十块钱。朋友说自己能够帮他追回十块钱或者更多来。

　　第二天，他们又去同样的地方看戏，这一次，朋友带了一个看上去很重的钱袋。过了一会儿，有个衣冠楚楚的人坐到他旁边，假装不经意地把手伸过来拿那个钱袋，朋友很巧妙地假装打哈欠，伸着懒腰就坐到了他的袖子上，让他脱不了身，然后不动声色地看他如何应对。

　　这个人也是个很聪明的人，他拿到钱袋以后就脱掉了自己的衣服，一边脱还一边自言自语说："我去上个厕所，把衣服放在这儿应该没有人来偷吧。"等到这人走后，朋友就拿了衣服去卖，果然卖了有二十多块钱。而那个钱袋里其实只是放了一些小石头而已。

　　那个骗子估计也是一个老手，明知道被人发现了还能镇定自若，可惜的是最终还是让人给设计了。

骗子被骗（五）

　　世上的事往往充满巧合，骗子和受骗的人也算是有缘分的人，如果缘分够的话，说不定碰上的还不止一次呢。

　　有个常州客人带了一箱钱坐船去上海买衣料。一天晚上风雨大作，常州客在船上看到岸边有人挥手示意要搭船。船夫告诉他很多要求搭船的人其实是骗子，但是常州客心肠很软，还是让那个人上了船。这个人在船上过了一夜，第二天早上就致谢告辞了。等他走后，常州客开箱检查，发现自己的钱已经被拿走了，只剩下一个空箱子。他懊悔不已，仔细盘算了一下，觉得自己没有了钱再去上海也没有意思，就直接回家了。

　　于是他让船夫掉头回常州。船开了一天，常州客在舱中又看到那个骗子在岸边招手拦船。他急忙躲起来，让自己的仆人去请那个人上船。那人上船以后，常州客忽然从后舱走出来，笑着和他打招呼。骗子发现是自己骗过的人，吓得跳窗而逃，慌乱中连包袱也没有来得及拿。常州客检查他留下的包裹，发现里面除了自己的钱以外，还有很多别的金银珠宝。常州客因此暴富。

　　像常州客这样能因祸得福的幸运者当然不多，但是一旦发现曾经骗过自己的人，一定不能手下留情，一定要让骗子好好吃一吃苦头。

骗子被骗（六）

很多骗子行骗的手段非常简单，只是利用简单的科学原理加上人们的好奇心理，戳破的话就一文不值了。

有一个卖药的，用车装着一个观音像沿街叫卖。凡是有人来向他买药，他就把药放在观音像的手中，如果药没有掉下来，他就卖给病人；如果掉下来了，他就不卖。向他买药的人还真有很快痊愈的，于是他的名声也越来越响。有个少年每天看他卖药，很想知道观音像的奥妙，于是想出了一个法子。少年每天都邀请卖药的到酒楼吃饭，每次去他都预先带好一个钱袋，里面放一定数量的钱。每次不管他们吃什么，付钱的时候钱袋里的钱总是正好的。

就这样过了好几天，卖药的越来越好奇，终于忍不住问少年："你是不是学过算卦，不然怎么每次都能预先算出我们吃饭用多少钱呢？"少年故作神秘地说："如果你把你卖药的秘密告诉我，我就把我的秘密告诉你。"卖药的只好答应了，说道："我的观音像里有吸铁石，如果药里有铁一类的东西就不会掉下去了。"少年说："城里几家酒楼我都非常熟悉，哪个菜多少钱我都知道。比方说，我带了二钱银子，如果你点了一个八分银子的菜，我就点一个一钱二的，如果你点了一个一钱的，我就也点一个一钱的。所以不管怎样，我带的银子都是刚好付账的。"卖药的恍然大悟，但是后悔已经来不及了。

后来这个卖药的就不在当地行骗了，而是溜到别的地方去了。

强盗受骗（一）

　　有个瘸子，在两个强盗的要挟下去一个大户人家偷东西。强盗们把瘸子放在一个箱子里，然后用绳子把箱子从墙上吊到屋子里。瘸子在强盗们的指挥下把屋里值钱的东西都装进了箱子。强盗们让他先把箱子送出来，然后再用绳子接他出去。这个瘸子转念一想，万一强盗把自己留在屋里，那他被主人抓到就有口难辩了。于是他自己坐到箱子里，让强盗们把箱子弄出去。果然强盗们一边拉箱子一边说："这个瘸子对我们已经没有什么用了，不如就把他留在屋里吧，也省得我们麻烦。"说完他们就抬起箱子走了。强盗们走了一阵，停下来在路旁休息。瘸子在箱子里听到路上人来人往很热闹的样子，便放开喉咙大叫道："抓强盗啊！"两个强盗吓了一跳，连忙夺路而逃。瘸子从箱子里出来以后，就拿着箱子里的财宝回家了。后来他成了富甲一方的有钱人。

　　这个故事里的强盗们可谓是有勇无谋的典范，辛苦了一个晚上最后只为他人做嫁衣裳，竟然被一个手无缚鸡之力的瘸子给骗了，也真是讽刺。

强盗受骗（二）

　　拦路抢劫的强盗，往往自己的心里也比较慌张，这种时候，被抢劫者就要保持冷静，好好地和他周旋，这样才不会受什么损失和伤害。

　　有个福建商人在上海做生意，一天晚上店里的生意耽搁晚了，他深更半夜才回家。在街上走的时候，忽然路旁蹿出来一个蒙面的强盗，让他把身上的衣服都脱下来。商人哀求他说："你拿了我的衣服也不值多少钱，我口袋里有现钞，我把钱给你，你就放了我吧。"强盗点头同意。商人于是从衣袋内掏出厚厚的一叠纸塞到强盗手里。强盗拿了就跑，商人也急忙跑回家。商人回到家后，才惊魂未定地对老婆说："刚才我遇到了强盗，多亏我机灵，把袋子里的一叠没用的账单当钱给了他。"也不知道那个强盗回家看到那些账单以后，会有什么想法。

　　这个商人虽然没有从强盗身上骗到什么，但是他既保证了自己的安全，也没有让自己的财物受到损失，也可以算是很成功地骗倒了强盗。

第三节◎戏谑骗——虾米也有三道浪

骗术虽然令人厌恶，但是也不乏善意的开玩笑的骗局。朋友之间偶尔出现这样的骗局，倒也是一件颇为有趣的事。

脑筋急转弯是大家都很熟悉的游戏，但是在平常生活中，还是有很多人的脑筋一下子转不过来。下面这些故事中，很多都是典型的脑筋不会转弯的例子。

谲骗（一）

　　有个姓朱的人非常喜欢捉弄别人。有一天，他姓汤的朋友对他说："我知道你很喜欢捉弄人，不过我不太容易被人骗。我现在坐在屋子里，你有没有办法把我骗到屋子外面去呢？"朱某说："现在大冬天的，外面北风呼啸，你一定不肯出去的。不如你先到屋子外面去，我再用屋里的暖气、暖酒和美食来诱惑你，看你会不会进屋。"汤某一听觉得有道理，于是走到屋外，说："你现在用什么办法来骗我进屋啊？"朱某在屋里哈哈大笑说："我现在已经把你骗到屋子外面去了。你对我服不服气？"

谲骗（二）

　　为色失财，这是很多人可能做的傻事。下面的故事里，那个信誓旦旦不会上骗子当的老板，一看到美女就把自己的警觉心抛到九霄云外去了。当然，如果这只是朋友之间的玩笑的话，那就无伤大雅，但如果真的碰到骗子的话，那可就有点危险了。

　　有个钱庄的老板王某喜好女色，而他的朋友张某则很喜欢捉弄人。一天，王某闲来无事在钱柜旁闲坐着，张某正好来看他。王某说："你一向以自己的骗术为骄傲，现在我把一个元宝放在这柜子里，你有没有办法来骗了去啊？如果能的话，我一定用好酒好菜来招待你。如果不能的话，你就请我吃饭如何？"张某一口答应。王某于是把一个元宝放入钱柜，自己则坐在旁边看守。就这样过去了大半天，张某并没有什么行动。

　　过了一会儿，一个美艳的少妇提了一篮子的面粉走到钱庄门口，故意装出累得不行的样子，坐在台阶上休息。她一边休息一边和王某搭讪起来，少妇问道："先生，这柜子里闪闪发亮的是什么啊？"王某已经心痒难耐，马上回答道："是一个元宝。"少妇又说："我家并不是有钱人家，我长到这么大都没有见过元宝，不知道先生能不能让我看一看？"王某马上拿出元宝捧给她看。这少妇把元宝拿在手里的时候一不小心掉在了面粉篮子里，她忙在面粉里翻找，把元宝找了出来，还给王某。少妇告辞以后不久，张某又来拜访王某，张某笑着从口袋里拿出一个元宝，说："你看，你的元宝我已经拿到了，快摆酒席吧。"原来那少妇就是张某的妻子，她故意把元宝掉在面粉篮子里，趁机掉包，用一个假的元宝还给了王某。

　　少妇的手法只是很简单的掉包计，但是因为王某只顾看人没顾得上看她的篮子，所以就上当了。

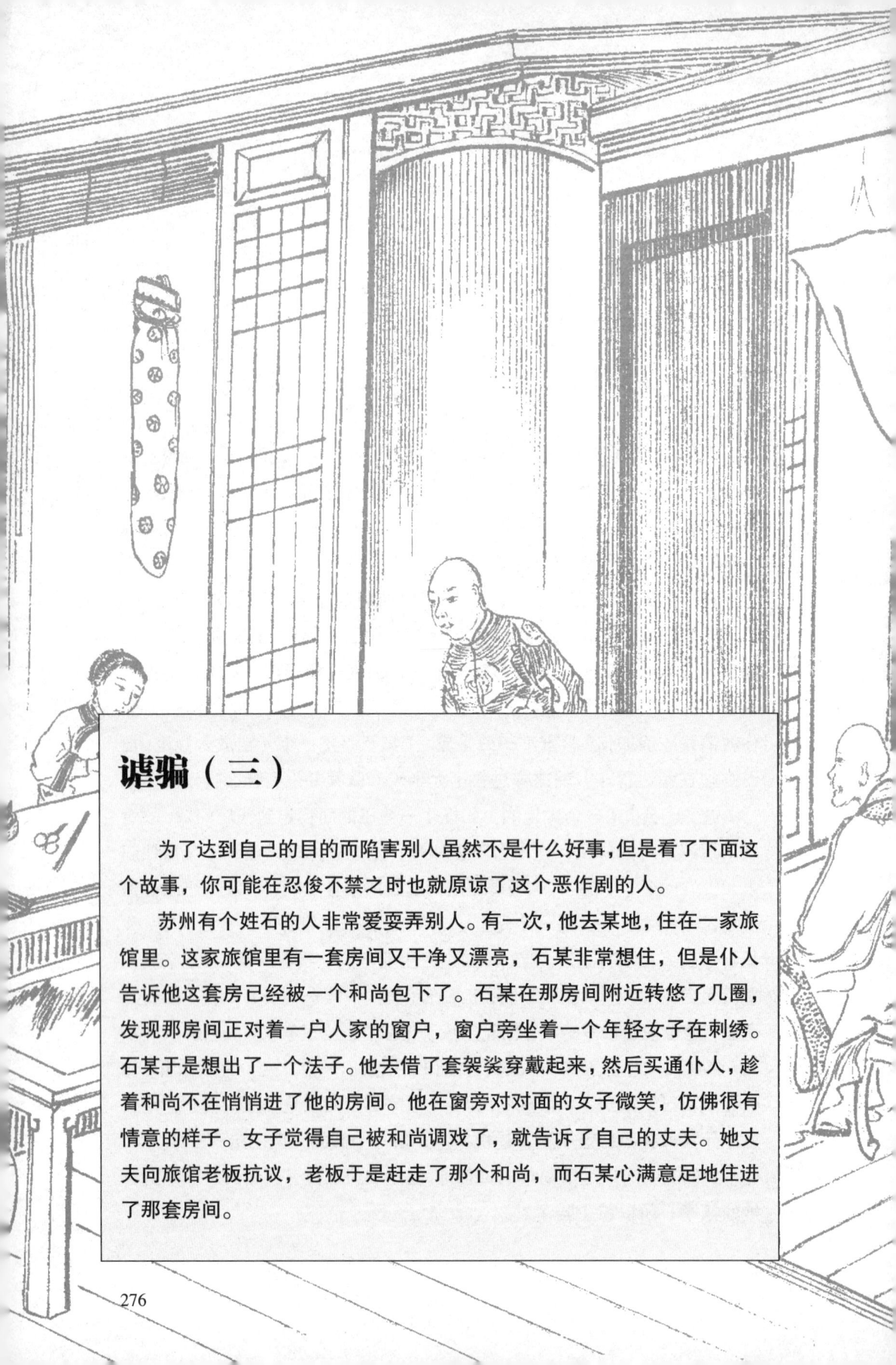

谲骗（三）

　　为了达到自己的目的而陷害别人虽然不是什么好事，但是看了下面这个故事，你可能在忍俊不禁之时也就原谅了这个恶作剧的人。

　　苏州有个姓石的人非常爱耍弄别人。有一次，他去某地，住在一家旅馆里。这家旅馆里有一套房间又干净又漂亮，石某非常想住，但是仆人告诉他这套房已经被一个和尚包下了。石某在那房间附近转悠了几圈，发现那房间正对着一户人家的窗户，窗户旁坐着一个年轻女子在刺绣。石某于是想出了一个法子。他去借了套袈裟穿戴起来，然后买通仆人，趁着和尚不在悄悄进了他的房间。他在窗旁对对面的女子微笑，仿佛很有情意的样子。女子觉得自己被和尚调戏了，就告诉了自己的丈夫。她丈夫向旅馆老板抗议，老板于是赶走了那个和尚，而石某心满意足地住进了那套房间。

骗刘文青书法

　　大书法家的字画通常都很难求到,可是也会有聪明人能够从别的方面下手,最后终于得偿所愿。

　　刘文清是名噪一时的书法家,但是他很不喜欢替别人写字,所以向他求字是一件很困难的事。军机处的某公很想得到刘公的墨宝,可是怎么也弄不到。他向别人打听,得知刘文清好吃,对于新奇好吃的东西非常热衷,于是他每天都派人给刘文清的府上送时令的蔬菜瓜果或者是平时很少见的食物。刘文清收下这些东西以后总要写一张收条表示感谢。就这样,某公不间断地给刘文清送了一年的东西。

　　后来有一天,某公去拜访刘文清,他拿出一本字帖,里面全是刘文清对他送来的东西表示谢意的字条。刘文清非常惊讶,某公于是解释说:"如果我不曾向您赠送那些佳肴的话,恐怕也不能得到这么多珍贵的字条啊。"说完两人相视大笑。

　　虽然某公得到的字都是刘文青生活中随便写的字条,但是这也别有一种趣味。更何况这些字条是独一无二的,比刘文清为了应付别人而作的字画强多了。

骗酒

吃酒席也会发生各种各样的状况,特别是当主人囊中羞涩又要摆阔的时候,客人就需要一些技巧才能吃饱吃好了。

有个姓谢的人嗜酒如命。一天,他的朋友邀请他去吃饭。这朋友家里很穷,买的酒不多,但又怕不够,所以就在开席前叮嘱自家的小厮说:"给客人斟酒的时候,每次只要斟半杯就可以了,千万不要多。"小厮牢牢地记在了心里。

谢某在酒席上喝了几杯后,发现了倒酒的奥秘,他眼珠一转,就想出了办法。他悄悄地把一些泥土包成一个红包,递给小厮说:"我的肝脏不好,不能多喝酒,麻烦你给我倒酒的时候千万不要多倒,每次只要小半杯就可以了。"小厮偷空跑出去打开红包,一看并没有赏钱,只是一些土块,非常生气,就想要报复谢某。于是他给谢某斟酒的时候每次都倒得满满的,谢某因此喝得非常畅快。

好酒的人能够骗到酒喝也是一大快事。谢某正是利用仆人的逆反心理,达到了自己目的。

骗髯

　　租界里有个法国人，娶了太太以后又和另外的女人勾搭在一起。他的太太一点都不知情，还和这个女子成了好朋友。这个女子一心想要取代这个法国人的太太，于是找机会用蒙汗药把他的太太弄昏后杀死，还非常残忍地分尸。但是天理昭昭，不久杀人的事情就败露了。法官判这个女子绞刑，而法国人也受到了惩罚。租界里的法国人认为这件事非常值得世人警惕，就用蜡像把这三个人和整件事表现了出来。可惜的是这个法国人有一把大胡子，而蜡像做完以后却没有地方去找这样的胡子。

　　这时，有个蜡像师说自己有办法。他在行刑前悄悄地去看望那个法国人，对他说："你现在犯了众怒，虽然法官没有判你死刑，但是等会儿你出去的时候恐怕百姓们会要你的命啊。"法国人非常害怕，忙问有没有解救的办法。蜡像师说："现在唯一的办法是你把你的胡子剃了，这样大家以为你不过是一个犯了法的别的什么人，绝对不会认出你来的。"法国人无可奈何，只好让蜡像师把胡子全部剃了下来。蜡像师拿了胡子以后，回去贴在蜡像的脸上，蜡像顿时栩栩如生。

利用谐音行骗

　　以前提到过一个利用谐音骗取小孩铜炉的故事，其实不仅是小孩，有的时候连大人都会上这样的当。

　　有个人去油漆店买了十两生漆，他先付了一两银子，对店主说："我先拿一两银子当订金，过一会儿我让人拿钱来取货。"然后他又去烟土店买了十两七钱鸦片，这一次他让伙计跟着他去取钱。他们两个一起来到油漆店，这个人问油漆店的人说："刚才说好的，你们应该给我十两漆（七）吧，现在拿出来吧。"油漆店的人于是进去拿漆。这个人又对烟土店的人说："你也听到了，十两七由他们付给你，我有急事，我先走了。"过了一会儿，油漆店的人拿了十两生漆出来交给烟土店的伙计，并向他要剩下的银子。烟土店的人茫然不解地说："他在我这里买了十两七钱的鸦片，你们要给我银子，我不要什么生漆。"油漆店的人也很奇怪地说："他付了一两银子的订金买十两生漆，说好了由你来付钱的啊。"两人于是吵了起来，哪里知道他们都被那人给骗了。

买靴受骗

　　有个人有事去北京，某天正好路过一个旧货铺，看到货架上摆着一只非常新的靴子。伙计告诉他这靴子只有一只，所以只要二钱银子就可以买去。这个人喃喃自语说："价钱真是便宜，可惜只有一只。买了也没有用啊。"他继续朝前走，忽然在另外一家店里看到了一只一模一样的靴子。他向伙计询问，这一只靴子却要价一两银子。这个人在心里一盘算，两只靴子一共一两二钱，比市面上的靴子还是便宜很多。于是他掏钱买下了这只靴子，可是等到他回到第一家店的时候，伙计却说刚刚已经把那只靴子卖掉了。这个人只好沮丧地回了寓所。有知情的人告诉他说："这两家店是串通好的，前一家要价便宜而后一家要价贵，等到你买了后一家的再回去前一家时，他就说已经卖掉了。"

　　这两家鞋店把握了顾客贪便宜的心理，设了这么一个局，而且一双靴子还能卖两次，真是设计巧妙啊。

婢女撒谎骗鸡吃

　　说谎说得好，说得圆，既要和生活实际相符合，又要有一些凭空想象的成分。下面故事里的这个女仆，就说了一个非常圆满而有趣的谎。

　　有个西洋人很愚蠢，但有时又会乱发脾气，不可理喻，因此很容易殃及无辜。一天，他邀请自己的两个朋友到家里来吃午饭。他命令自己的婢女准备两只鸡，用烤鸡来招待客人。等了一上午，客人也没有来，洋人着急起来，就亲自去迎接他们。婢女在厨房里烧鸡，只觉得香气四溢，垂涎欲滴。她忍耐不住，又想到主人到了客人家里说不定会被留下来吃午饭，把鸡留下来只会让它冷掉。她越想越觉得自己想得有道理，就放心大胆地把一只鸡从铁架上拿下来大嚼起来，不一会儿鸡就被她吃完了，

　　她正在收拾鸡骨头的时候主人回来了。主人没有注意到少了一只鸡，只是吩咐她快快准备，说客人随后就到。主人说完就拿起大菜刀在磨刀石上磨了起来，准备到时切鸡。过了一会儿，两个客人果然来敲门了，婢女去开门的时候悄悄地对他们说："你们快逃走吧，不然就没命了。"客人问为什么，婢女说："我家主人狂性大发，想要吃人。他要请你们来根本不是请吃午饭，而是要吃你们的耳朵啊。"婢女又让客人仔细听主人磨刀的声音。客人也知道这个洋人的脾气古怪，就信以为真了。他们两个急急忙忙出门就走。婢女见计策成功，转身进屋对主人说："您请来的两个客人一点规矩都不懂，他们看我端出两只鸡，就一人一只抢走了。现在该怎么办呢？"主人也很气愤，说："我为了这两个人才忍受饥饿这么久，想不到他们竟然一点都不给我留下。"说着连餐刀都来不及放下就追了出去。两个客人还没有走远，忽然听到背后有人喊他们，客人们回头一看，只见洋人拿着刀冲了过来，吓得撒腿就跑。他们两个好不容易跑到家里，才放心地摸摸自己的耳朵说："好不容易保住了它们啊。"

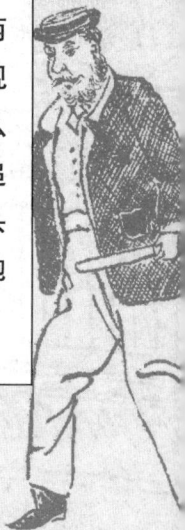

第四节 ◎ 伪交骗——蜜糖嘴巴砒霜心

酒肉朋友交不得，这是很多人都明白的道理。但是，世界上有比酒肉朋友更加可怕的友谊，那就是处心积虑地利用朋友间的信任来达到自己的目的。

骗子的一个招术就是不动声色，让人无形之中失去警惕之心，然后趁虚而入。他们接近他人都是有目的的，要么骗钱，要么骗色，不惜利用任何关系。下面这位，就是靠喝酒交了朋友，赢得朋友的信任后，再陷他于不义。

遭朋友欺骗

　　山东人素来被人们看作豪爽的典型,有很好的酒量。有个威海的商人姓董,他酷爱喝酒,和另一个商人因为喝酒成了刎颈之交。两人只要有空闲,就凑在一起畅饮,不醉不罢休。世事难料,董某朋友的商行亏空倒闭了,债主纷纷控告,此商人也被押到一个警察局分局。商人托人找到董某,请他借一笔担保金。董某生性豪爽,一看朋友遭难,难免会有恻隐之心,因此毫不犹豫就答应了朋友的请求。只是到后来,董某总也不见他的朋友,有点担心。后来董某开始后悔借钱给他朋友。董某匆忙赶到分局,他朋友根本就不在那里了。他又赶往朋友家中,将他家搜了个遍,而家里只有一个少妇和一个小女儿。董某这才明白他上朋友的当了。那人早就拿着担保金逃之夭夭了。

　　友情对我们一般人来说都是非常重要的,但在骗子眼里,朋友的价值在于被自己利用,他们才不管什么道义呢!更不懂什么是友谊!所以,善良的人们啊,好好分辨身边的人,哪些是你真正的朋友,哪些只是想利用你的骗子。

骗李生古琴

有很多人可能对于钱财并不在意,但对于自己的爱好却非常执著,只要是自己想要的东西,往往会不择手段地去争取。对于这样的骗子,实在是让人不知道该说什么好。

有个嘉祥的秀才李生,曾经在自家的院子中挖出一把非常珍贵的古琴。李生很珍惜这把琴,于是把它收藏在密室中,轻易不让外人看到。后来,李生和一个姓陈的举人相识。陈举人风雅大方,李生和他交往一年多,变成了无话不谈的好友。

有一天,李生听到陈举人弹琴,技艺非常高超。李生惊讶之下,就和陈举人谈到了自家的古琴。陈举人再三恳求李生让自己弹奏一次那把古琴。李生经不住他的请求,就邀请他到自己家中弹奏。陈举人用那把古琴弹奏了非常美妙的音乐,让李生听得如痴如醉。但是,陈举人弹奏完毕以后就摸着琴大哭说自己对不起这样的好琴。李生非常奇怪,就问他为什么。陈举人说自己的妻子是个比自己高明十倍的古琴高手,现在有这样的好琴,却只能让自己来演奏,实在是对不起这把琴。

陈举人请求李生第二天把琴拿到自己的家里去让妻子弹奏。李生一方面非常信任陈举人,另一方面也想听听他口中说的更加美妙的演奏,于是答应了。第二天,李生带着琴到陈举人家里,果然客厅里已经准备好了帷幔,后面坐着个苗条美丽的女子。那女子用李生的古琴演奏出了人们平时无法想象的美妙音乐,李生听得如痴如醉。然而一曲终了,李生清醒过来时,屋内已经没有人了,古琴也不见踪影了。

后来有人说,这是非常爱好古琴的人花费了大量的心血布置的一个圈套,而李生在音乐的美好体验中就这样上当受骗了。

郑板桥受骗

　　并不是只有普通人才会上当受骗，下面我们来说说一个名人的上当经历。

　　郑板桥当秀才时，写的字画的画虽然百般推销，还是无人问津。可是一等到他金榜题名，向他求字求画的人就络绎不绝。特别是江南的盐商，都认为在自己的客厅里悬挂郑板桥的书法作品是一件非常光荣的事情。有一个盐商，名叫小泉的，平时为人卑劣，所以郑板桥一直不答应替他写字。

　　有一天，郑板桥带着书童到郊外游玩，走着走着忽然看到荒野之中有一幢小楼。郑板桥非常好奇，就走过去细看，发现这幢小楼建造得非常精致，门前的园子里还种着很多稀有的花草。这时，有一个仙风道骨的老先生从门里走出来，自称是隐士，邀请郑板桥进去喝茶。郑板桥进屋以后更加惊奇，屋内的摆设极有品位，而这位隐士的谈吐更是不凡。不知不觉中，郑板桥就和隐士成了好朋友。这个屋子虽然精致，墙上却连一幅字画都没有。郑板桥就问隐士，隐士叹惜地说自己还没有碰到可以悬挂在墙上的好书法。郑板桥于是提出自己帮他写几幅字。隐士非常高兴，急忙拿出笔墨纸砚。郑板桥正在兴头上，一口气写了几十幅字。隐士又提出在每幅字上都写上"赠予小泉先生"的字样。郑板桥虽然觉得有点诧异，但一想同名同姓的人何其多，就欣然题上了这些字。

　　回去以后，郑板桥告诉别人自己的遭遇，他的朋友们都说从来没有听说过有这样的房子和隐士。郑板桥就让仆人再去那儿查看，果然房子里已经空无一人，家具摆设也不见了。朋友们都说郑板桥遇到了鬼魅，只有他自己哈哈大笑，说上了别人的当。后来，有人在那个叫小泉的盐商家里看到整个客厅里挂满了郑板桥的字。

幕友受骗

很多人会因为求职心切而上当，下面我们就要说一个这样的故事。

江苏人倪某，以幕友为职业已经一二十年了，有一段时间他失业住在旅馆里，每天都惶惶不可终日，只想着赶快再找一个可以投靠的官僚。初冬时，旅馆里搬进来一个人。此人交往的都是官府中的人。倪某向他的仆人打听，知道他是大名县总司，受上司指派到江苏置办衣物。

倪某于是和他套近乎，此人原来也是一个极豪爽的人，没几天两人就打得火热。倪某向他表明自己继续当幕友的志向，此人表示非常支持。不到三天就给他联络好了一个总督，并且还要来了自己长官的一封亲笔推荐信，倪某对他感激不尽。

忽然有一天，有个仆役送给此人一封急信，里面说长官有急事要他回去办，让他采购完衣物就回去。第二天此人让倪某陪着他到各处催促交货。最后到了珠宝肆，老板说珠宝已经打造好，只要付钱就行。此人刚才付了各家货款，口袋里已经没钱了，而珠宝肆的老板怎么也不肯让他赊账。倪某一来要感谢他的知遇之恩，二来要显示自己的义气，于是向老板表示自己愿意做保人，如果此人不回来付账的话就由他来付。老板这才让此人把珠宝拿走了。

倪某在码头送别此人，彼此约定一个月之后带银子回来付账并且安排好倪某的工作。倪某在旅馆等啊等，直等到春暖花开，那个人还没有回来。珠宝肆老板强迫他付账，他只好变卖了行李付了账。然后他拿着那封推荐信去找总督，总督一口否认与这个人认识。倪某知道自己上当了，只好打落门牙往肚里吞。

这个幕友错就错在太过相信别人，仅仅因为一个刚认识的人的几句承诺就相信了对方，最后就得不偿失了。

287

骗梁山舟书法

当年老子过嘉峪关时，有传言他曾在当地作《道德经》五千言。现在又有一个故事讲的是有人为了得到著名书法家的字，竟然假造黄河发洪水的消息。

梁山舟是清末有名的书法家，很多人慕名向他求字，可是梁山舟生性高傲，常常不答应。有一次他要渡过黄河去南方，在黄河边上被河督留下小住几日。河督告诉梁山舟黄河正是洪水期，船只没法渡河，让他在府上耐心等待几天。梁山舟闲着无聊，又看到房间的书架上宣纸毛笔砚台都是上好的，不禁心动，就每天写字打发时间。等到他把房间里的宣纸都写完了，河督告诉他黄河的水退了，已经可以渡河。梁山舟再三道谢，就动手整理行李。

河督看到他房间内的宣纸不见了，表现出非常惊讶害怕的样子。梁山舟忙解释说是自己用来写字了。河督说这些纸都是特地托人去北京收集来的，是难得一见的好纸。梁山舟觉得非常不好意思，就把自己所写的字都留下来作为赔偿。后来，梁山舟听别人说这位河督一直苦于得不到他的书法，所以特地设下这个局。黄河水大涨和稀有的宣纸都是这位河督编造出来的。

梁山舟和前面说到的两位书法家的遭遇又有所不同，他是因为赔偿才不得不把自己的书法送给河督的，这样想来更加不甘心啊。

年轻商人受骗

　　很多年轻商人出外做生意会上当受骗,除了钱财被骗之外,有的时候自己还会被拐卖。

　　有个湖州商人陈大官常常在黄浦江上来往做生意,但他自己觉得年事已高, 于是叫自己的儿子陈小官接手。陈小官不过二十出头,第一次出门也没有什么经验。这一天,陈小官正坐在船内无聊,忽然看到岸边有两个也是商人打扮的人在向他招手,他停船一问,得知原来他们想要搭船去上海。小官让他们上船并闲聊了起来,发现这两个人竟然是自己的同乡,顿时热络了不少。就这样同行了两三天,有一天晚上,这两人从岸上买了不少酒菜,说是要答谢小官。三人一起喝酒,兴致高昂。

　　小官年纪小,喝了没多少就醉了,等到第二天早上醒来时,发现自己竟然被捆着躺在一处陌生的地方,身上还穿着女人的衣服。陈小官大惊失色,叫嚷起来,很快就有人过来了。原来这是上海郊区一个富商的家,这富商向两个湖州人买了个小妾,可是昨天晚上娶进门才发现是个男的,一气之下把小官捆了起来,准备送到官府处置。小官大声叫屈,把自己的姓名来历说得清清楚楚。大家这才明白原来陈小官和这富商都上了别人的当。更可怜的是,陈小官去岸边寻找自己的船时,发现船已经杳无踪迹,船中的货物都被卷走了。

　　陈小官第一次出门就遇到了这样的事,不知道是福是祸,相信以后的日子里他会更加小心谨慎的。

衣店伙计受骗（一）

佛要金装人要衣装，很多骗子仅仅依靠华丽的服饰就能够骗倒别人。

某公子相貌堂堂，谈吐非凡，有很多人都被他的魅力折服。但是他生性狡诈，也常常设计骗局让人上当受骗。有一段时间他常去上海滩一家著名的西服店买衣服，那家的一个伙计对他非常佩服，常常帮他的忙。公子买衣服常常第一次先赊帐，第二次来付第一次的一半左右，但是又会赊账买更多的衣服，就这样循环下去没多久就欠了西服店很多钱。伙计开始还替他垫钱，后来实在没有能力了就向他诉苦。公子一口答应马上付账，又顺口问伙计平时都需要什么开销。伙计就说自己和一个富商的寡妇姘居，平时需要贴补那个女子一些钱。公子装作好奇，让伙计带他去见那个寡妇。

公子和寡妇见了几次面以后，彼此熟悉起来。寡妇向公子诉苦说自己和伙计在一起不仅拿不到什么钱，反而还要倒贴。公子知道寡妇有很多钱，便说愿意娶她，寡妇也贪慕公子年轻有钱，两人约定春节时一起回老家去。当然，他们没有告诉伙计。之后，公子在伙计店里又赊了很多衣服。有一天，公子借口陪寡妇去看病，两人带了细软就离开了上海。后来，在西服店老板逼迫下，伙计不得不变卖了自己的东西把公子的赊账付清。这就是所谓的人财两空啊！

衣店伙计受骗（二）

　　骗子们编造的借口有的时候听起来合情合理，让人不由得就相信了。

　　东门有个外科医生，看病有个规矩，如果是普通的病就在诊所的客厅诊断，如果是妇科病或者是隐疾的话，就到楼上的房间去医治。有一天，有个人来到他的诊所，说自己侄子的下体长了很严重的疮，过一会儿就带他来看病，但是小孩子比较害羞，必须在楼上的小房间诊治，医生一口答应。这个人离开诊所后直奔一家制衣店，买了很多衣服。在付账的时候他对伙计说："我现在身上没有钱，过一会儿我带你去一个地方，就会有人上楼取钱给你的。"

　　于是他带着伙计去了诊所，医生一看见伙计，就把他引上楼去。伙计问道："钱在楼上吗？"医生以为是问是不是上楼去看病，就回答说是的。等到上了楼，医生让伙计脱裤子，伙计大惊失色地说："我只是来收钱的，为什么要脱裤子？"医生说："明明是你舅舅说你生了病，让我帮你看看的。"伙计更奇怪了："刚才那个是我店里的客人，怎么会是我舅舅？他让我到这楼上来收钱的。"两个人急忙下楼，那个人早就不知去向了。

旧世存影

①

②

　　北京天桥是许多民间艺术的发祥地。清末民初的时候，艺人在天桥上耍把式卖艺，使这个小小的场所成为了平民的游艺场和聚集地。同时，随着大量的人员流动，天桥也成了一个不小的商品市场，各种摊贩都来这里兜售自己的小商品，天桥很快成为一个繁华热闹之地。

　　天桥是在1821至1861年兴起的。那时，在天坛的西坛根、北坛根与先农坛的东坛根、北坛根涌现出一批流动摊贩，朝廷不向流动摊贩征收捐税，这从一定程度上促进了该地区商业及游艺业的发展。于是各类艺人在此辟地献艺，各类曲艺演出场所伴随茶肆、酒楼、饭馆、商摊、武术杂技场地拔地而起，使这些地方成为北京人欣赏民间技艺及曲艺艺术的一个集中场地。

　　1875至1908年，京汉铁路建成，设车站于永定门外，往来客商必经天桥。自此，天桥更加繁荣，先后开辟了公平市场、三角市场、西市场、东市场、先农市场、城南市场、惠元商场等。20世纪30年代，天桥曾达到"占地二十亩，共有各行各业的店铺和摊贩七百七十三户，其中正式领有牌照者三百三十四户，

北京天桥

③　　　　　　　　　　　　　　　　　　　　　④

计大小戏园九个，坤书馆七个。临时设摊四百三十九户，游艺杂技摊六十二个"的规模。

1937年七七事变后，天桥的市场范围逐渐缩小，到40年代末，只剩下三角市场、公平市场、西市场、东市场几处地方。1949年新中国成立后，人民政府对天桥进行了治理，填平了龙须沟，修筑了大马路，翻建、新建了一批剧院、影院及医院、博物馆，组织曲艺、杂技等艺人成立了国营、集体的文艺团体，天桥发生了根本的变化。1957年，天桥广为活跃的各类演出大部分停歇。

后来，天桥的商业、饮食业都按行业进行了归口管理。卖小吃的摊商有的组织了联营，有的归业于小吃店、饭馆。而曲艺、杂技、武术等艺人，有的被组织到小剧场联合演出，有的参加了说唱曲艺、杂技的团体，成为国营或集体的文艺工作者。在菜市、粮食市的地方，建起了北京自然博物馆。至此，旧天桥的面貌已发生了很大变化。